股权管理

合伙制+股权激励+融资方案

邝勇军 李明胜 梁丽星◎著

化学工业出版社

·北京·

内 容 简 介

在"大众创业、万众创新"的时代背景下，股权管理已然迈入从量变到质变的崭新阶段。无论是传统企业还是新兴的合伙企业，均需深刻领会并掌握股权管理的精髓与技巧，以适应日益激烈的市场竞争和不断变化的商业环境。

本书以股权管理为核心，分为合伙制、股权激励、融资方案三部分来介绍，包括合伙机制认知、股权设计方案、股权设计雷区、退出机制、股权激励作用、融资计划、商业计划书、融资谈判以及相关文件的签署等。

《股权管理：合伙制+股权激励+融资方案》还对一些经典案例进行了深入分析，将理论与实践紧密结合，为读者提供了极具操作性的指导建议。无论是创业者，还是寻求股权管理提升的管理者，抑或是对股权管理感兴趣的各界人士，都能从中获得宝贵的启示与帮助。

图书在版编目（CIP）数据

股权管理 ：合伙制+股权激励+融资方案 / 邝勇军，李明胜，梁丽星著. -- 北京 ： 化学工业出版社，2024.9. -- ISBN 978-7-122-46210-7

Ⅰ．F271.2

中国国家版本馆CIP数据核字第20248J9E86号

责任编辑：刘　丹　　　　　　　　　　装帧设计：仙境设计
责任校对：田睿涵

出版发行：化学工业出版社 (北京市东城区青年湖南街 13 号　邮政编码 100011)
印　　装：三河市双峰印刷装订有限公司
710mm×1000mm　1/16　印张 13¾　字数 150 千字　2024 年 9 月北京第 1 版第 1 次印刷

购书咨询：010-64518888　　　　　　售后服务：010-64518899
网　　址：http://www.cip.com.cn
凡购买本书，如有缺损质量问题，本社销售中心负责调换。

定　　价：78.00 元

在全民创业的热潮中，孤胆英雄式的创业者已难以独步天下。为了加速企业的发展，许多创业者开始寻求外部力量的支持，如寻找合作伙伴、引进投资者等。然而，与外部力量的结合，也意味着需要面对股权管理这一复杂而关键的问题。对于缺乏经验的创业者来说，这无疑是一个巨大的挑战。

创业之路充满荆棘，股权管理更是这条路上的一道难题。从制定科学的合伙机制、吸引合适的合伙人，到巧妙地进行股权设计以确保控制权，每一步都需要精心策划。随后，利用股权激励激发员工的工作热情，进一步推动公司的发展。当公司发展到一定阶段，融资成为必然选择，而如何规避潜在的经营与管理风险也变得至关重要。

为了帮助缺乏经验的创业者走出股权管理的困境，《股权管理：合伙制＋股权激励＋融资方案》应运而生。本书分为三个部分，全面解析了合伙制、股权激励和融资方案的核心内容。从合伙机制的认知、布局策略，到股权设计的方法与雷区，再到退出机制的构建，本书为创业者提供了系统而实用的指导。

此外，本书还深入探讨了股权激励的作用、规划与落地实施，以及融资过程中的关键要素和谈判技巧。

融资作为企业发展的重要环节，对于扩大规模、实现长远发展具有不可忽视的作用。如今，越来越多的创业者投身于学习融资知识的大潮中，希望在投资者面前展现出自己的实力与潜力。

《股权管理：合伙制＋股权激励＋融资方案》不仅汇聚了作者多年对股权管理的研究与思考，还结合了大量典型案例，以通俗易懂的方式呈现给读者。无论您是正在考虑引进合伙人或投资者，还是希望通过股权激励激发公司活力，本书都可以帮助您解决这方面的问题，让您少走弯路。

由于笔者学识所限，加之时间仓促，书中难免有疏漏之处，恳请读者批评指正。

著 者

目 录

合伙制篇
合伙机制与股权管理

第 1 章
合伙机制认知：培养管理新思维，紧跟时代

第 2 章
合伙机制布局策略：夯实基础，让事业更成功

第 3 章
股权设计方案：合理分配股权，避免散伙

第 4 章
股权设计雷区：创业者控制权是怎样流失的

第 5 章
退出机制：以合理退出机制实现公司稳定发展

股权激励篇
打造盟友型利益共同体

第6章
股权激励作用：维持公司的长期战略

第7章
股权激励规划：股权归属与比例

第 8 章
股权激励落地：以有效的激励方案激发员工活力

融资方案篇
绘制融资全视角路线图

第 9 章
融资计划：以完善的计划稳步推进融资

第 10 章
商业计划书：向投资人展现你的想法

第 11 章
估值管理：进一步提高公司的价值

第 12 章
融资谈判：把握要点，争取最大利益

第13章
签署文件：警惕特别条款

合伙制篇

合伙机制与股权管理

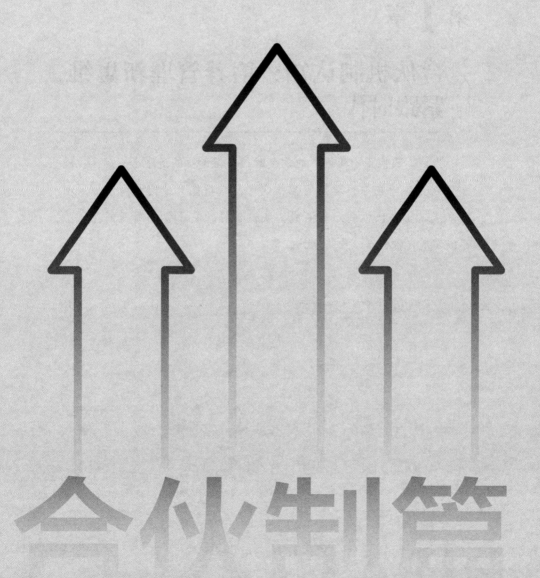

第1章

合伙机制认知：培养管理新思维，紧跟时代

当前，我们正身处创业的黄金时代，但创业的道路上充满了挑战。许多创业者都在寻找理想的合作伙伴，希望能与他们共同经历风雨、共享成功。合伙机制正逐渐成为主流选择，它不仅能降低创业风险，还能实现资源共享、优势互补。

1.1　雇佣时代vs合伙时代

在传统的雇佣时代，员工与公司之间的关系相对简单，员工为公司工作，领取薪酬。在这种模式下，员工对公司没有归属感，工作积极性也相对较低。随着社会的发展和经济的变革，合伙机制逐渐崭露头角。

合伙机制赋予了员工一种全新的身份——合伙人。这种身份转变让员工有了更强的归属感和责任感，进而激发了他们的工作积极性。同时，合伙机制也为企业带来了诸多优势，如降低管理成本、提高运营效率等。

⇑1.1.1　合伙机制打破传统管理思维

合伙机制不仅规避了传统雇佣制的弊端，更为重要的是，它打破了传统的管理思维，开创了一种全新的管理模式。这种模式强调的是平等、合作与共赢，为员工提供了更多机会和更大的发展空间。

那么，合伙机制究竟是什么呢？

合伙机制是指两个或两个以上的股东共同经营公司，拥有公司的股权并获得相应的权益。在合伙机制下，合伙人对公司有一定的管理权，是公司的管理者。通常，创业者会将公司中有潜力、有能力的人才发展成合伙人，将他们与公司进行深度绑定，增强他们的责任感与主人翁意识，促使他们更好地、全心全意地为公司付出。

这种转变打破了传统的管理思维，引入了"同仁法则"，把员工当成合伙人。通过"同仁法则"，员工有机会从原有的角色中跳出来，与公司形成一种更为紧密的合作关系。在这种关系中，员工的工作环境得到改善，工作氛围更为和谐，这无疑提升了他们的工作效率和满意度。

在实际操作中，有两家企业是这一理念的杰出代表：沃尔玛和海尔。

沃尔玛作为零售业的巨头，始终坚持平等管理的理念，致力于创造一个更加人性化的工作环境。它视员工为合伙人，不仅关注员工的工作幸福感，还注重增强团队的凝聚力。在沃尔玛的组织架构中，领导位于底层，员工居中，而顾客位于顶层，形成了一个独特的"倒金字塔"关系。

另一个例子是海尔。海尔推行"去领导化"的管理模式，高度重视人才培养和储备。员工在海尔有很多机会参与到管理层竞选中，并享有充分的决策权。这种方式显著提高了整个公司的办公效率。

这两个案例都充分展示了"同仁法则"的核心思想：以人为本。奉行"同仁法则"的合伙机制高度重视员工的话语权，这有助于促进管理体系的发展和完善，为公司的长期稳定发展奠定坚实基础。

1.1.2　打造高效的合伙人体系

在当今时代，合伙机制的价值已经逐渐被众多公司所认识和接受。许多企业正努力构建平等、民主、开放的合伙人体系，以充分激发员工的潜力，释放其工作效能。

那么，如何构建有效的合伙人体系呢？

（1）建立良好的沟通机制是基础。这包括员工之间、部门之间的及时交流与沟通。这样的机制有助于集体智慧的发挥，进而提升公司的创新能力和市场竞争力。

（2）公平、公正的激励机制是关键。公司需要制定一套公平、透明的激励机制，确保员工的付出与回报成正比。这样不仅能提高员工的工作积极性，还能促进公司的长期稳定发展。

（3）强化团队合作意识不容忽视。公司应鼓励员工间的合作，支持部门间的协同工作，使大家在共同的目标下团结一致，共同成长。

（4）建立透明的管理机制也至关重要。公司需要确保信息的公开透明，让员工充分了解公司的运营和管理情况。这不仅可以增强员工的归属感，还能激发他们的工作热情。

（5）持续改进与优化合伙人体系同样重要。随着公司的发展和市场的变化，合伙人体系也需要不断地调整和完善。同时，公司应积极收集员工的反馈和建议，以进一步完善合伙人体系，提升整体运营效率。

总体来说，合伙人体系作为一种高效的管理模式，正逐渐受到企业的青睐。通过遵循上述原则，公司可以成功地构建一个充满活力、高效的合伙人体系，为企业的长远发展奠定坚实基础。

1.1.3　万科：用合伙机制解决部门分歧

万科股份有限公司（以下简称万科）成立于 1984 年，经过多年的辉煌发展，已经成为房地产行业的翘楚。这背后，事业合伙人模式及其相应的组织架构调整发挥了至关重要的作用。

早在 2014 年，为了进一步推动公司的持续高速发展和应对外部威胁，万科果断地推出了事业合伙人模式，并对原有的部门设置进行了大刀阔斧的改革。原有的部门界限被打破，取而代之的是发展中心、管理中心和支持中心这三大中心。

（1）第一级合伙人：利益共同体。万科鼓励核心员工成为"小老板"，并参与项目的跟投。这种模式驱动员工在文化和利益的双重激励下，自主经营、自主分配，与万科形成一个共同的利益体。设计该层级的关键在于找到一个合理的利益分配点，确保各方都能从中受益。

（2）第二级合伙人：事业共同体。万科的高层可以发展成为股东，通过持有公司股权与公司形成紧密的绑定关系。这一层级的特点在于共创、共享、共担，即大家共同努力，促进万科的发展。在这一层级下，股东们有潜力发展成为第三级合伙人，并构建一个持股平台。

（3）第三级合伙人：命运共同体。万科的股东可以发展成为核心合伙人。对于万科来说，核心合伙人是最核心、最有价值的部分。他们不仅传递万科的愿景与价值观，与万科实现事业合伙，还助力万科达成使命。该层级的特点是共识、共创、共享、共担、共商。

通过建立三级合伙人体系，万科有效地解决了各部门之间的分歧，为员工提供了清晰的职业发展路径和共同成长的机会。这不仅提高了员工的工作积极性和忠诚度，还保证了公司的稳定和持续发展。

1.2　合伙机制顶层设计

随着时代的变迁，合伙机制已经逐渐成为主流。众多知名企业（如沃尔玛、海尔和万科）都通过合伙机制取得了显著的成功。因此，对于创业者来说，深入理解和运用合伙机制的顶层设计显得至关重要。这主要涉及两个方面：创业者需要关注的事项和如何使合伙机制与经营战略相匹配。

↑1.2.1　思考：创业者关注的事项有哪些

在设计和实施合伙机制时，创业者需要考虑以下几个方面。

（1）明确合伙原则。设定共同的目标和价值追求，并建立科学、合理的合伙原则，确保所有合伙人能够顺利合作，避免不必要的冲突。

（2）确定合伙人位置。确保每个合伙人都能从自己的角色出发，做好自己应做的事情。

（3）合伙人出资方式。明确合伙人如何出资，包括现金出资和非现金出资。对于非现金出资，如技术、知识产权等，需要经过特定的折算方式进行价值评估。

（4）分工与决策权。根据合伙人的投入，明确其分工和决策权。例如，只出资的合伙人可能只有分红权，而投入技术、资源等的合伙人通常拥有更大的决策权。

（5）决策机制。在合伙过程中，制定有效的决策机制，以确保决策效率。这可以通过合伙协议提前约定。

（6）定期沟通。建立定期的沟通机制，如定期举行会议，以确保信息的顺畅流通。

（7）散伙机制。在合伙前，应提前制定散伙机制，以防合伙人出现问题，对公司的运营和发展造成影响。

1.2.2　合伙机制如何与经营战略匹配

经营战略是一个公司为实现发展目标而制订的计划，而合伙机制是促进公司发展的重要手段。只有当二者相互匹配时，才能达到"1 + 1 > 2"的效果。

以喜家德为例，为了实现快速复制扩张的经营战略，喜家德实施了"358"模式的合伙机制。

具体来说，"3"代表的是3%，即店长考核成绩排名前3%可以获得分红收益；"5"指的是5%，即如果店长培养出新店长并通过考核，就有机会接手新店，并获得在新店投资入股5%的机会；"8"指的是8%，即如果店长培养出5名新店长并通过考核，就可以成为区域经理，并获得在新店投资入股8%的机会。此外，如果店长晋升为片区经理，还可以独立选址经营新店，并获得在新店投资入股20%的机会。这种合伙机制将店长的个人利益与门店的整体利益紧密相连，有效地激发了店长培养新人的积极性，从而进一步推动了喜家德的发展。

对于公司的管理层，喜家德也设置了相应的合伙机制。一旦管理层达成目标，他们就可以以2%或5%的股权比例入股新店，并从中获得收益。这种模式激励着管理层和员工更加努力地工作。

喜家德成功地找到了适合自身情况的合伙机制，实现了在短时间内迅速发展的目标。这一成功案例表明，经营战略与合伙机制的匹配对于公司的成长至关重要。在制定和实施经营战略时，公司应充分考虑利用合伙机制来促进战略目标的实现。通过合理设计和运用合伙机制，公司可以激发员工的积极性和创造力，从而实现更快、更稳定的发展。

1.3 合伙机制利弊分析：取其利，避其弊

虽然合伙机制具有明显的优势，但同时也存在一定的风险。要充分发挥其作用，创业者需要对合伙机制的利弊进行深入分析，取其利而避其弊。

1.3.1 合伙机制的优势与风险

通过分析海尔、万科、喜家德等公司的实例，我们可以发现合伙机制的重要性。然而，合伙机制是一把"双刃剑"，有利也有弊。只有深入了解其利弊，才能更好地发挥其作用。

1. 合伙机制的优势

（1）扩张速度快。通过实施合伙机制，公司能够迅速筹集资金并解决短期内的资本积累问题。

（2）商业机会增加。合伙机制能够吸引和留住更多人才，提高合作伙伴的信任度，并带来更多的商业机会和降低交易成本。

（3）风险控制有效。通过将公司利益与员工个人利益紧密相连的合伙机制，可以更好地控制风险并降低员工侵犯公司利益的可能性。

2. 合伙机制的风险

（1）利益分配不均。如果公司的合伙机制设计不合理，可能会导致利益分配不均的问题。而付出较多的合伙人获得的收益较少，可能

会导致其心理不平衡和工作积极性的下降。

（2）决策滞后。过多的合伙人可能导致决策过程过于复杂和滞后，从而影响公司的运营效率。

总之，合伙机制作为一种灵活的商业合作模式，具有广阔的发展前景。然而，创业者需要注意合理运用，并根据自身情况采取不同的设计方案。只有运用得当，合伙机制才能帮助公司取得进步；否则可能会阻碍公司的成长。因此，创业者需要关注相关风险并做出明智的决策。

↑ 1.3.2　预测：合伙机制赋能公司管理

对于公司来说，合伙机制是新的发展动力。未来，合伙机制将赋能公司管理，帮助公司实现战略生态化、组织平台化、人才合作化、领导赋能化、运营数字化。

（1）战略生态化。创业者将摆脱传统的竞争思维，更倾向于构建合作共赢的生态体系。在关注自身发展的同时，创业者还会关注产业链中其他参与者的发展，与各方协同合作，共同为市场提供有价值的产品与服务。

（2）组织平台化。公司的内部资源会被进一步整合，创业者致力于打造开放、共享的平台。这类平台不仅能提升员工的工作效率，还能吸引外部人才实现资源交换。另外，平台化的组织也有望打破传统的组织边界，使公司的运营情况得到进一步改善。

（3）人才合作化。在合伙机制下，创业者将员工视作合作伙伴，使员工成为利益共享者。这种模式能充分调动员工的工作积极性，不断增强员工对公司的认同感。

（4）领导赋能化。在合伙机制下，管理层与公司成为紧密联系的利益和命运共同体。届时管理层将更关注团队的成长，主动为新老员工的发展提供支持，积极培育团队文化。这样才能有效激发员工的创造力与活力，公司的竞争力也会有大幅度提升。

（5）运营数字化。公司借助大数据、云计算、人工智能等先进技术对运营过程进行数字化改造，实现数字化运营，从而有效提升运营效率，降低运营成本，优化用户体验。

随着时代的不断发展，合伙机制将促进公司变革各个要素，推动公司走向成功。

第 2 章

合伙机制布局策略：夯实基础，让事业更成功

创业者在设计合伙机制时，应该提前布局，做好周全的准备。在布局时，创业者应该了解合伙机制的三种模式，设计合伙机制的技巧，夯实基础，合理布局。

2.1　合伙机制的三种模式

合伙机制是一种以共创、共享和共担为中心的管理机制，能使公司和合伙人成为利益共同体，共同经营、共享收益。常见的合伙机制主要有三种，分别是联合创业模式、公司制合伙人模式和泛合伙人模式。

2.1.1　联合创业模式

联合创业模式是传统创投机构投资模式的升级，其为行业带来了全新变化。该模式主要用于需要在原有业务体系的基础上孵化新业务的公司。在这一模式中，投资人以创业者身份进入创业团队，并为团队提供资金支持。投资人的股权占比并不大，他们只是以小股东的身份为创业团队提供辅助，实现团队的长远发展。

例如，星河互联公司就在实践中探索出了联合创业的新模式。星河互联为创业公司提供六项服务，如图 2-1 所示。这些服务对初创团队的成长具有关键作用。

星河互联的 CEO（首席执行官）徐茂栋提到："我们就是在这个关键成型阶段给创业团队注入能够打胜仗的基因，这是我们跟其他的孵化器或 VC（风险投资）本质上的不同……它的核心团队、价值观、战略方向还没有完全成型，这个时候非常关键——商业模式正在打磨，产品研发难点正在克服，各方面的问题都会暴露出来，所以我们就要跟创始人和管理层紧密地联系在一起，帮助他们解决这些问题，实现快发布、快迭代、快增长、快融资这四'快'，抢占市场先机，向市场要效益。我们其实80%的时间和精力都放在这个阶段。

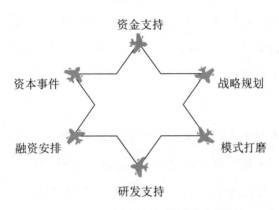

图 2-1　星河互联为创业公司提供的六项服务

星河互联在联合创投过程中坚持两个原则：一是不对赌原则，二是不派人原则。星河互联充分相信选择的创业团队，让团队充分发挥主观能动性，实现创业初衷。

星河互联之所以能够创立联合创业这一新模式，与两个要素密不可分，如图 2-2 所示。

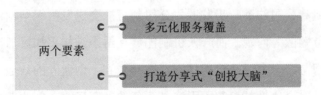

图 2-2　星河互联独创联合创业模式的两个要素

星河互联能够提供多元化服务。星河互联的投资以"互联网＋"和"前沿技术"两个大方向为主，包括 AI、VR、云计算、大数据、O2O（Online to Offline，线上到线下）、公司服务、社交媒体、娱乐数字化、互联网餐饮、服装、金融、房地产、旅游、汽车、教育、健康和互联网农业等。

例如，智能手机刚问世时，星河互联就断定移动游戏有广阔前景，未来能够带来巨大利润。经过认真考核，星河互联选择了艾格拉斯手机游戏创业团队。如今，艾格拉斯已成功登陆 A 股，其旗下手游产品异常畅销。例如，《赤壁 Online》和《誓魂 Online》等手机网游不仅在我国火爆，还远销海外。

无论是对于投资机构还是创业团队来说，联合创业模式都是不错的选择。它不仅能为创业团队提供资金支持、技术支持，激发团队的积极性，还能降低投资人或投资机构面临的风险。因此，初创团队应积极利用这一模式进行创业，未来的创业之路会更好走一些。

↑ 2.1.2　公司制合伙人模式

公司制合伙人模式的精髓在于创业者除对员工进行激励外，还需控制公司。创业者需利用该模式牢牢把控公司控制权。

作为一种常见的组织形式，公司制在公司成立初期有利于公司发展。但随着公司的进一步发展，公司制可能会引发组织结构僵化及冗杂、人员懒散等问题。而合伙机制能够使组织结构更加灵活，能够激发众人智慧，合力解决管理难题，因此受到了创业者的欢迎。但需要注意的是，合伙机制存在无限连带责任的经营风险，创业者在与他人合伙创业时要慎重。

公司制合伙人模式有利于形成与公司相似的组织结构，集合了公司制与合伙制的优势：既能够规避合伙制无限连带责任带来的风险，又能够有效融合短期激励与长期激励，充分发挥核心人才的建设作用。

公司制合伙人模式可以分为两类，分别是股权型合伙人制和平台型合伙人制，如图 2-3 所示。

股权型合伙人制

平台型合伙人制

图 2-3　公司制合伙人模式的两种基本类型

股权型合伙人制通常用于长期激励。在这种模式下，公司通常通过向核心人才发放股权来实现管理优化和长期发展。

平台型合伙人制的运行主要分为两个步骤：一是建立支持平台；二是形成以合伙人为核心的业务团队，充分发挥公司内部各个团队的能力。平台型合伙人制能够打破组织内部陈旧的决策与分工体系，使各个合伙人能够拥有充分的决策权和一定的项目收益。这种方式能够提高合伙人的归属感和工作积极性。同时，公司总部管理者的角色也发生了转变，从领导者转变为项目的辅助者与支持者。整个公司变得更加民主和开放，内部员工自主创业的概率增加，成功率也更高。

例如，北京某眼科医院利用股权型合伙人制有效地提升了业绩。该眼科医院通过向核心人才分享项目股权，提高了员工的工作积极性，医院因此能够保持高效运转。同时，该眼科医院在建立分部医院时，选择出售一定的项目股份给优秀人才。当分部医院完工并实现盈利时，总部会赎回之前出售的股份。这种股权分享模式不仅能够将核心人才与公司绑定，有效激发他们的工作积极性与创造性，还能实现公司规模的扩大，促进公司的可持续发展。

↑ **2.1.3　泛合伙人模式**

泛合伙人是创业团队可以选择的合伙模式之一。这种模式通过在保留创始人话语权的情况下将有能力的员工转变为合伙人，促进公司的长久发展。

泛合伙人模式不仅适用于合伙制公司，还适用于一些常规公司。如果常规公司能够实行股权激励，并参考、借鉴合伙制公司的模式，那么它们可以被称作泛合伙人制公司。

例如，某公司有1万名员工，该公司通过发行限制性股票、员工持股等方式，使8000名员工都拥有一定的股权。该公司就是一家泛合伙人制公司。这种方式使员工的工作积极性得到了提高，并促进了公司的可持续发展和长期盈利。

在注重股权激励的同时，泛合伙人模式还重视精神激励。在初期，泛合伙人制公司主要实行股权激励，希望员工能够为其创造更多收益。随着公司的发展，各个合伙人之间逐渐加深了解，工作的默契度也大幅提升，对公司的发展有了新的想法。这时，合伙人之间的关系不仅限于合作关系，他们还成为志同道合的朋友。他们的合作从物质层面上升到精神层面，成为真正合伙人。

OPPO和vivo是泛合伙人模式的典型代表。经过高速发展，OPPO和vivo在全国拥有几十万家门店，获得了规模经济效应。它们主要借助数字平台进行信息整合，对整个公司进行数字化管理，有效提高了运营效率。OPPO和vivo的线下门店都是其合伙人，这些门店依托总部提供的平台、管理体系等进行运营、售后服务等。在这种情况下，每一个分店都成为总部的一个生产车间。公司借助这种模式实现了分布式的作业与管理，形成了一条较为完整的产业链，并打通了价值链，获得了持续盈利的能力。

泛合伙人模式能使初创团队掌握公司的话语权，从而实现公司的高效运营与长久发展。然而，创业者在使用这一模式时必须注意以下三个要点，如图 2-4 所示。

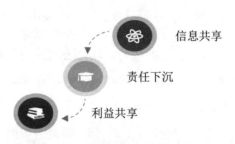

信息共享

责任下沉

利益共享

图 2-4　泛合伙人模式的三大要点

（1）信息共享。实现合伙人之间的有效沟通，确保信息对等，提高工作效率。

（2）责任下沉。下放权力给各个职能部门，使它们具有一定的自主决策权，同时确保它们朝着共同的方向努力，不偏离公司整体发展的轨道。

（3）利益共享。激发合伙人的主人翁精神，使其更加勤勉地工作，为公司创造更多利益。

如果创业者能够充分把握、理解这三大要点，他们就能够借助泛合伙人模式使公司获得长远发展并创造更多收益。泛合伙人模式能够充分激发各个合伙人的积极性，使合伙人有资金出资金、有技术出技术，充分发挥人力资本在财富创造中的主导作用。

2.2 合伙机制设计技巧

合伙机制能够激发公司的活力，促进公司的长久发展。在设计合伙机制时，创业者需要掌握一定的技巧，这些技巧包括做好资本规划和明确适合合伙机制的公司类型。

2.2.1 做好资本规划：明确出资方式

合伙机制的优点在于能够整合各方的优质资源，实现早期的资本积累，快速推动公司成长。然而，随着合伙人数的增加，想法也会增多，管理难度也会相应增加。公司合伙人数的增加可能会带来经营理念的分歧、利益分配不均等问题，这将对初创公司产生重大影响，甚至可能会导致初创公司夭折。

为了降低创业失败的风险，创业者必须从股权结构上对合伙人进行管理，使不同的合伙人有不同的入股方式。此外，创业者还要学会根据入股方式的不同采取不同的股权管理策略。

"均等投资，均等收益"是合伙创业的一种理想方式。差异出资是按照合伙人资本投入的比例进行差异化管理的一种方式。投资人投资的金额越大，其话语权也就越大，公司盈利后获得的收益也就越多。

在选择入股方式时，创业者需要结合合伙人的财力状况及对团队的想法进行决策。以下是两种常见的入股方式。

1. 均等出资

如果创业团队的成员一致坚持"均等投资，均等收益"这一理念，那么可以采用均等出资的方式。这种方式一般适用于小型企业。例如，与朋友合伙开一家火锅店、水果店、书店或者健身器材店等。

以梅华、蓝亮和祝君三人的书店为例，他们在大学是志同道合的朋友，热爱读书并立志做成功的书商。毕业后，他们三人开始创业，建立自己的网上书店。经过讨论，他们一致决定按照"均等投资，均等收益"的原则进行创业。

由于投资比例一致，他们在具体运营过程中能够民主、自由地讨论并选择最适宜销售的图书。经过反复商讨，他们三人都认为书店主要销售三类图书：经典图书、热销图书和小众图书。

为了了解读者最喜欢的小众图书，他们专门学习了相关的数据统计知识，利用百度指数和其他数据工具对图书细分领域的数据进行深入挖掘。通过研究，他们发现爱好收藏图书的人喜欢线装版的图书，喜欢收藏内容精彩、纸质优良、包装精美的图书；一些人喜欢收藏文字竖版排列的图书；还有一些人喜欢收藏残本图书。

根据这些数据，他们开始有针对性地进行图书采购，实现了量化、精准的营销管理，最终他们的书店获得了盈利。

2. 差异出资

如果创业团队的成员家境不同，投资金额存在差异，那么优先考虑差异投资的方式更为合适。

以彭仁的中餐店为例，彭仁是一名高级厨师，所做的菜肴深受客人喜爱。他在工作中意识到打工很难挣到大钱，于是计划和好朋友开一家属于自己的餐饮店。

由于他的两位好友资金有限，他们最初的投资比例较低。这家餐饮店由三个人合伙开，投资占比分别为40%、25%和35%。他们按照投资差异进行差异化的利润分成。在具体工作过程中，他们三人会进行民主协商，定期推出一款新的菜肴，并定期举办限时优惠活动。因此，他们的餐饮店效益良好，最终获得了很高的盈利。

综上所述，没有最好的创业方式，只有最适合自己团队的创业方式。在合伙创业时，只有综合考虑合伙人的财力状况、性格特征并结合具体实践的要求，才能够确定采取哪种创业方式更合适。

⇧ 2.2.2　明确适合合伙机制的公司类型

虽然合伙机制具有许多优点，但并非适用于所有公司，也无法全面解决公司的发展问题。在实践中，合伙机制主要适用于以下四种类型的公司，并对应不同的组织形式。

1. 知识型公司

管理学大师彼得·德鲁克曾说："在知识社会，传统的老板和下属的关系将会消失。"所谓传统的老板和下属的关系是一种雇佣和被雇佣的关系。在知识经济时代，这种传统的雇佣关系正在被新型的合伙人关系所取代，这在知识型公司中尤为明显。知识型公司有以下四个特点。

（1）知识型公司注重将最新的知识应用于科学实践之中，创造出最优质的产品，为我们的生产生活服务。

（2）创新是知识型公司的发展方向和动力。为了实现创新，知识型公司必须持续利用知识管理的方法提高自身的创新能力。

（3）知识型公司以知识服务为导向，为用户提供更高质量的咨询服务，提升公司的品牌价值。

（4）知识型公司重视员工的创造性，能充分挖掘员工的潜能。

以上四大特点表明知识型公司的员工需要具备更强的创新性、协作性与学习力。提高员工的创新性离不开优秀的管理制度，这就需要知识型公司利用合伙机制，从原有的管理"迷雾"中走出来，实现长远发展。知识型公司实行合伙机制有以下几个好处。

（1）合伙机制能够有效地协调资本与知识的关系。知识型公司实行员工合伙制，使核心员工获得部分股权，从而增强他们的主人翁意识，他们将更加努力地工作。

（2）通过合伙机制，知识型公司能够打破传统的雇佣关系，使员工之间的关系更加紧密。随着时间的推移，公司的向心力和凝聚力得到增强，这有助于公司的稳定发展。

（3）实行合伙机制体现了"以人为本"的思想。这一思想强调公司的发展依靠员工，发展成果惠及员工。邀请核心员工成为事业合伙人，既体现了"以人为本"的理念，又促进了公司的长远发展。

（4）实行合伙机制可以创造良好的工作环境，进一步实施柔性管理策略，促进公司的长远发展。例如，谷歌和微软充分了解知识型员工的核心诉求，为他们提供了幽雅、安静的个人办公室和进行集体研究的创新型会议室。这两家公司都非常注重整体工作环境，为员工提供咖啡馆、健身馆、游泳馆等基础设施，使员工在工作之余能够得到充分的放松。

（5）通过实行合伙机制，知识型公司可以利用现代化技术建立数字化、网络化的信息管理平台，提高员工的工作效率，有利于员工的平等沟通和交流。

罗辑思维是一家典型的知识型公司。作为在知识付费时代崛起的一大品牌，罗辑思维非常注重员工的价值。在实际的管理中，罗辑思维采用了小组项目分红机制。这是一种类似于合伙机制的激励机制，虽然并未涉及股权激励，但其效果比股权激励更直接、有效。

另外，罗辑思维对"90后"员工的管理非常人性化。其管理者认为，"90后"群体是公司朝气的来源。罗辑思维鼓励"90后"员工大胆创新，并为优秀的项目提供全方位的支持。通过多元化的方式，罗辑思维不仅在物质上能吸引年轻人，在精神上也能引起年轻人的共鸣。在这样的机制下，其创新小组非常有活力，成员的学习能力和进取心超乎想象。年轻员工的努力拼搏对罗辑思维的长远发展是至关重要的。

合伙机制一方面能够绑定人才与公司之间的利益，激发人才的工作积极性与创造力，另一方面能够促进公司的规模扩张和可持续发展。

2. 初创期和战略转型期公司

初创期的公司在"打江山"时往往会遇到种种困难，如资金短缺、人才短缺、基础设施短缺等。人、财、物的缺乏会在很大程度上限制公司落地生根。

合伙机制能够最大限度地避免以上问题。有这样一句谚语："一个篱笆三个桩，一个好汉三个帮。"这句话在创业领域也适用，充分说明了创业者的成功离不开优秀的团队。初创期公司采用合伙机制，能够集中人力、物力、财力与智力，众志成城，披荆斩棘，克服种种阻碍，取得亮眼的成绩。

例如，北京的一家知名旅行社在初创时采用的就是合伙机制。该旅行社在创业过程中历经风雨，遇到了各种各样的问题，其中不仅包括"用户流失率高"的问题，还包括各种融资困难等，但该旅行社最终克服困难，挺了过来。该旅行社如今的成功得益于两个方面，如图2-5所示。

坚持践行正确理念　01

02　组建优秀的合伙人团队

图 2-5　该旅行社成功经营的"两只脚"

一方面，该旅行社的创业团队能够坚定地追求自己的理想，并坚持不懈地走下去。在用户流失率居高不下的情况下，他们积极寻找原因，借助互联网平台和大数据分析技术，找到了问题的根源——旅行社环境、服务和价位不完善及同行竞争的影响。于是，创业团队根据数据反馈，及时调整了运营策略，并定期推出一些优惠活动，有效地提高了用户留存率。

另一方面，该旅行社的创业团队拥有许多优秀的合伙人。这些人都有着成就一番事业的雄心壮志，并且来自不同的行业，各自拥有专长：有的善于理财经营，有的擅长内部管理，有的拥有较多的资金，有的擅长文案撰写。作为旅行社的合伙人，他们能够在自己擅长的领域最大限度地发挥自己的价值，帮助旅行社创造巨大的财富。

对于战略转型期的公司来说，这一特殊阶段会面临许多风险，其组织内部也可能出现各种问题。公司需要及时进行组织结构调整和人事制度改革，以建立符合时代潮流和公司长远发展的管理制度。

例如，上海的一家房地产公司就利用合伙机制取得了成功。合伙机制使该公司能够根据时代发展的 特点和形势的变化做出适当的调整。

曾经有一段时间，高昂的房价让许多购房者望而却步，该房地产公司的房产销售面临销售困境。同时，市场不景气导致该公司的售房人员收入降低，压力增大，工作幸福感和愉悦感荡然无存，该公司出现了员工大批离职的现象。

为了提高公司内部员工的工作积极性，该房地产公司进行了一次内部管理制度改革：试行事业合伙人模式。成为事业合伙人后，该房地产公司的员工有了更多的经济保障，他们会为了获得更多的财富而付出更大的努力，从而成为公司的优秀员工，实现自己的梦想和财富自由。自从在内部实行事业合伙人模式后，该房地产公司焕发了新的活力。

3. 轻资产公司

资产的轻重是一个相对的概念。例如，厂房、设备和原材料等都需要占用大量的资金，因此被归类为重资产。而轻资产主要指的是公司的无形资产，如公司员工的经验、管理流程与制度、关系资源、公司的品牌及文化等。这些无形资产虽然也占用资金，但整体上显得更加灵活。

在移动互联网时代，轻资产公司有五种类型，如图 2-6 所示。

（1）类金融公司。沃尔玛、国美电器、苏宁电器等都属于类金融公司，因为这些公司的经营性现金流都很充足。强大的现金流使得这类公司拥有超强的复制能力，能够提升该类公司的扩张能力，形成连锁机构，最终实现规模经济。例如，沃尔玛在全球各地都有连锁商城，且分布广泛。

图 2-6　轻资产公司的五种类型

（2）增值型基础网络公司。中国移动是典型的增值型基础网络公司。随着无线增值业务的发展，中国移动能够提供更多的增值服务，其手机卡可以和用户的银行账户、社交账号、娱乐类 App 账号绑定。通过手机卡，用户能够享受到中国移动提供的多元化服务。随着服务的多样化，其增值服务的发展前景也越来越好。

（3）知识产权主导型公司。同仁堂、可口可乐公司属于知识产权主导型公司。可口可乐凭借神秘配方获得巨额收益，同仁堂则以高品质的药品与服务吸引了大批忠实的消费者。这类公司的无形资产比重较大，使其显得更轻便、灵活。

（4）品牌型轻资产公司。耐克、阿迪达斯、橡树国际、巨人集团等都属于品牌型轻资产公司。例如，耐克专注于品牌打造和研发，并注重全球化经营。这些品牌型轻资产公司在产品的研发设计、营销及售后服务上都非常注重品牌推广，以形成品牌效应，从而获得更大的盈利。

（5）新型互联网公司。微商以及小程序电商都属于新兴互联网公司。这些新兴互联网公司在微信的闭环系统下，能使用户快速了解自己的商品。同时通过精美的页面设计，最大化地留存用户，使其成为自己产品的忠实粉丝。

这五类公司都属于轻资产公司，并具有一个显著的优势：能够实施以价值为驱动的资本战略。具体来说，这些轻资产公司能够建立良好的管理系统平台，并在此基础上集中进行研发设计与市场推广，以促进公司的生存和发展。

这类公司适宜实行合伙机制的原因在于：合伙人的入股费用较低，股份收益较高。这样的优势更易获得合伙人的认可，能够吸引他们加入。

4. 控制权稳定的公司

稳定对于公司来说是至关重要的，只有确保控制权的稳定，公司才能够在内部顺利实施合伙机制改革，而不会遭遇阻碍。如果股权结构分散且董事会成员之间的纷争严重，公司将丧失行动力和执行力，更难以从深层次解决问题。

例如，M 公司是南京市的一家民营公司，主要生产电脑、电视等产品的配件。起初，该公司是一家个人独资公司，其产品质量上乘，深受消费者喜爱，因此获得了良好的口碑，并积累了大量资本。然而，随着时代的发展，许多中小型科技公司如雨后春笋般涌现，这些公司的员工数量少、产品价格低、打折力度大，导致 M 公司失去了大量市场份额。面对如此激烈的竞争，2018 年年初，M 公司决定从两个方向进行调整，如图 2-7 所示。

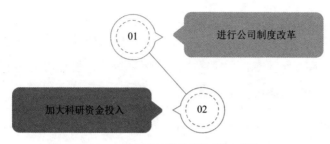

图 2-7　M 公司应对挑战的两项核心举措

人力成本较高一直是 M 公司的经营难题。在制度改革之前，M 公司采用传统的"工资＋绩效"的工资发放方式，并配合严格的人才竞争淘汰机制来激励员工的工作积极性和控制员工成本。然而，新一代员工更加注重自由与个性，并不喜欢这种模式。

M 公司的创始人决定进行制度改革，由于拥有绝对控股权，该创始人迅速推进了合伙机制的实施。该机制规定，核心员工可以购买公司股份，并在公司盈利后获得相应分红。与绩效激励模式相比，合伙机制更能激发核心员工的活力，提高他们的工作积极性。改革实施后，公司的凝聚力和创新力得到显著提升，销售业绩也有所增加。

同时，M 公司的创始人意识到提高产品的科技含量是保持竞争力的关键。因此，其加大了对产品研发的投入，招募了大批技术员工并添置了新设备。这些举措显著提升了公司的核心竞争力。

为了与时俱进并增强创造力和竞争力，拥有稳定控制权的公司需要采用最具活力的组织形式。

第 **3** 章

股权设计方案：合理分配股权，避免散伙

  创业者若想与合伙人共同奋斗，促进公司平稳发展，就必须制订合适的股权设计方案。在股权分配时，创业者需要把握自己的控制权，维护其他股东的利益，并兼顾公司未来的发展。为了设置合理的股权结构，创业者应了解股权类型，进行股权设计，确定合适的股权比例，并在适当时机调整股权比例。

3.1　四大股权类型

根据投入资源的不同，入股方式可以分为四种：资金入股、技术入股、管理入股和预留股权。

⬆ 3.1.1　资金入股

资金入股是指股东投入相应的资金并兑换成等价的股权。这种入股方式主要依据股东的出资数额，并按照一定比例折算成相应的股权。这种入股方式相对简单。资金入股通常被应用于公司成立初期和缺乏资金的阶段。

对于初创公司来说，资金比其他要素更为重要，因为资金不能"凭空产生"，而技术和管理经验则可以后天获得。为了凸显这一阶段出资股东的重要性，有些公司会将股东所出金额翻倍计入股权。

⬆ 3.1.2　技术入股

技术入股是指股东以知识产权、技术等作为资本，对公司进行投资并获得股权。《中华人民共和国公司法》（以下简称《公司法》）第四十八条规定："股东可以用货币出资，也可以用实物、知识产权、土地使用权、股权、债权等可以用货币估价并可以依法转让的非货币财产作价出资；但是，法律、行政法规规定不得作为出资的财产除外。对作为出资的非货币财产应当评估作价，核实财产，不得高估或者低估作价。法律、行政法规对评估作价有规定的，从其规定。"

　　关于技术入股的比例问题，以前的规定是最高占 70%，但新的《公司法》对此没有明确规定。从理论上来说，技术入股的比例可以达到 70% 以上，甚至 100%。

3.1.3　管理入股

　　管理入股是指管理者因工作表现突出而获得公司作为奖励授予的股份。管理股通常作为奖励发放，以认可管理者的工作成绩。管理者无须为公司投入资金。

　　管理者的股权一般在其在职时获得，离职后，其股权通常会被收回。但也有一些公司为了留住优秀的管理人才，规定高管在为公司工作若干年后可将一部分管理股转化为永久持有。

3.1.4　预留股权

　　预留股权是指在公司成立之初，创始人不会将全部股权分配出去，而是预留一部分股权以便日后进行股权设计。预留股权具有以下三大作用。

　　（1）长期激励公司的高新技术人员和业绩突出者。

　　（2）吸引更多的人才。

　　（3）完善公司的激励机制，以应对人才的不断流动和更新。

预留股权体现的是一种封闭的思维模式。股权就像一个饼，越切越少。如果不预留股权，等到新股东加入时，就需要降低其他人的持股比例。然而，股权应该是一个开放的概念，可以越来越多。

　　另外，在公司创立初期，由于不确定公司何时需要融资以及融资时需要释放多少股权，股权始终处于变化状态。预留的股权可能不会被分配出去，也可能不够用，还需要进行调整。

　　除此之外，公司登记时不能预留股权。预留的股权只能登记到某个人的名下，由其代持。这部分股权附属的分红权、表决权等需要另行规定，否则很容易出现公司控制权旁落等风险。

3.2　合伙机制下的股权设计

在合伙机制下，公司可以从三个方面进行股权设计：一是根据贡献分配股权，而不是仅按资历分配；二是将合伙人投入要素的价值作为分配的基础；三是确定投入要素的价值浮动区间。

 ## 3.2.1　以按贡献分配取代按资历分配

许多公司在成立初期会按照出资比例进行股权分配，但随着公司的发展，这种分配方式可能会引发诸多弊端。按出资比例分配股权可能会影响那些具有突出贡献的员工，导致优秀员工无法获得应有的奖励，甚至可能会出现工作懈怠的情况。

出资虽然对创业公司至关重要，但并非唯一的贡献形式。场地、技术能力、销售渠道、融资资源、工作时间等都可以为创业公司创造价值。在不同的发展阶段，各种贡献产生的价值也有所不同。例如，在创业初期，资金的价值较为显著，而到了创业中期，管理、技术等要素的价值可能更为突出。如果在进行股权设计时仅按出资比例进行"一刀切"的分配，可能会导致那些在其他方面贡献突出的股东感到不满。

因此，创业者在进行股权分配时，不能仅看出资比例，而应量化股东的各种贡献，并按照市场价值计算每个股东贡献的价值，以实现按贡献分配股权。

在股权分配中，股东对公司的投入以及公司未给予的回报构成了股东的价值。例如，股东可能免费为公司工作或允许公司使用其专利，那么公司未支付的工资和专利费即可视为股东的价值，同时也是为股东分配股权的重要依据。创业者在进行股权设计时，应遵循"谁创造价值，谁分配利益"的原则，对资金和人力进行合理的定价，以实现合理的股权设计。

↑ 3.2.2 合伙人投入要素的价值是分配的基础

合理的股权分配应将合伙人投入要素的价值作为重要参考。常见的贡献点主要有以下六个。

1. 工作时间

股东对公司的最重要的贡献之一是工作时间。毕竟，即使公司拥有丰富的物质条件，如果没有人进行经营管理，公司也无法得到发展。

估算股东工作时间的价值相对简单。创业者可以参考人才市场的通用工资标准来确定。例如，在相同岗位上具有相似教育背景和工作经验的人所获得的工资即为股东工作时间的价值。

股东的工作时间价值并不能仅仅基于工资来衡量。一方面，如果公司在创业初期按标准向股东支付工资，而他们尚未为公司做出任何贡献，那么他们被视为公司雇用的员工而非股东；另一方面，如果公司给予股东一定的股权但其价值低于市场工资标准，那么他们可能不会选择加入公司。既然股东选择创业，那就意味着他们认为所获得的股权具有极高的价值，能够弥补稳定的工资收入的不足。

以股东月薪 2 万元为例，如果他们在创业过程中选择免费为公司工作而不领取工资，这意味着公司每月节省了 2 万元的人力成本，因此可以认为股东对公司的贡献为每月 2 万元。如果股东每月领取 5000 元的工资，则其时间贡献为每月 1.5 万元。以此类推，如果股东每月领取 2 万元的工资，则在股权分配时不能将其工作时间算作对公司的贡献。换言之，只有公司应发放而未发放的工资才能被视为股东的工作时间贡献。

在折算工资时，创业者应根据股东的具体情况来折算他们的时间贡献。如果股东选择兼职创业，则应按照兼职人员的工资标准进行折算；如果股东全职参与创业，则应根据实际工作时间进行折算。

2.现金或实物等资产

现金是价值最为明确、不需要估值的贡献，只需要按照具体金额进行折算即可。俗话说"万事开头难"，在创业起步阶段，企业对现金的需求非常迫切，尤其是在项目发展前景不明朗的情况下，投入大量现金的风险非常高。然而，随着公司的进一步发展，明朗的前景会吸引大量的投资人，此时现金的重要性就不如创业初期那么明显了。因此，在折算创业初期的现金贡献时，应按大于实际金额进行折算。

实物资产也可以看作是现金贡献，因为实物资产是有价格的。但是，实物资产要满足以下两个条件，才能以现金的价值来估值。

第一，实物资产必须是公司发展过程中的核心资产，如互联网行业的网站服务器。为了生活需要而购买的微波炉、咖啡机等，就不能算作实物资产。衡量实物资产的价值，要遵循"创业需要"这一原则。

第二，实物资产必须是专门为了公司的经营而购买的，如电脑、办公桌、打印机等。被淘汰的办公桌、旧电脑等不能算作实物资产，因为这些都不是专门为公司购买的。

那么，对这些实物资产应该怎么估算价值呢？市场上有一些专业的评估师可以对实物资产的价值进行专业评估，但是创业者心中也要对此有一个大致的了解。一般来说，如果是全新的实物资产，可以按购买价格折算；如果是使用过的实物资产，可以参照当前二手商品的价格折算。

3. 办公场所

在创业之初，公司都需要有一个"根据地"，创业者需要根据公司的性质选择不同的场地。有的公司只需要一间办公室，有的公司还需要仓库或店面，这些都是必不可少的财务开支。如果股东能够提供场地，就相当于为公司节省了这部分财务开支。那么，公司应该给却未给的这部分场地租金就是股东的贡献。

需要注意的是，并不是股东提供的所有场地都能折算成贡献，因为有的场地不在折算范围内。

（1）多余的场地不能算作股东的贡献，因为它并不能带来价值。例如，公司的规模不大，只需要一间二三十平方米的办公室，而股东却提供了一个三四百平方米的场地，其实多出来的大部分空间是没有价值的。

（2）原本不以营利为目的的场地不能算作股东的贡献。如果股东提供的场地之前并不是用来营利的，那么就说明这个场地本就不能为股东带来收益，即使股东提供给公司使用，也不会给他带来损失，自然也就不能折算成贡献了。

4. 创意

能作为贡献的创意不是指初步的想法，因为其并不具备太大价值，可行性也有待验证。可以作为贡献的创意是指在单纯的主意之上，经过反复思考与研究，最终形成的成熟的商业方案，或者初步想法经验证可行、进入开发阶段的原始产品。这些能看到市场前景的创意才是有价值的贡献。

想一个创业点子并不难，难的是如何将这个点子变成实际的商业方案。这个转化过程需要股东做大量的前期工作，这些工作才是股东为公司作出的贡献。

5. 专用技术或知识产权

专用技术或知识产权属于无形资产，是公司发展的关键因素。如果股东能为公司提供此类无形资产，创业者应该参考市场价值将其折算成股东对公司的贡献；如果股东不是转让而是授权公司使用该项专用技术或知识产权，那么许可费也可以看作其对公司的贡献，创业者可以按照公司应该给却未给的费用来进行折算。

除此之外，有的股东还会将自己开发的产品转让给公司，如已经开发并投入运营的网站、App 等。这些产品的转让价可以作为折算依据，创业者可以将目前市场上类似交易的转让价格作为参考。

6. 可用于公司经营的人际关系资源

在公司发展过程中，融资、进货、销售等都需要人际关系资源，这些人际关系资源可以帮助公司更容易地实现融资目标、寻找合作伙伴、打开销售渠道等。有的股东能为公司提供人际关系资源，帮助公司节省建立人际关系的成本。

创业者可以从人际关系带来的收益出发，采用不同的折算方式。如果股东的人际关系资源帮助公司增加了产品销量，公司应给予股东一定提成，这部分应该给却未给的提成可作为股东对公司的贡献；如果股东的人际关系资源帮助公司实现了融资目标，公司应该向其支付一定佣金，这部分应该给却未给的佣金可作为股东对公司的贡献。

除上述六种贡献点外，可能还需要一些短期资源来帮助公司更加健康地发展。这些短期资源如果能够帮助公司运营发展，并且没有用现金回报，也可以作为股东对公司的贡献。总之，对于创业公司来说，只要是能够帮助公司运营发展并且没有用现金回报的资源都可以作为股东对公司的贡献。

↑ 3.2.3 确定投入要素的价值浮动区间

公司在每个发展阶段所需要的要素是不同的，因此股东投入的要素会随着公司的发展而产生价值变动。在创业初期，公司需要的要素一般是资金、场地、销售渠道等。

当公司发展至后期时，其往往需要核心技术，以提高竞争力，获得更大的发展。在这一时期，资金和销售渠道等已经稳定的要素对于公司来说就没有太大的价值了。股东的投入要素处于变动之中，其获得的股权也会随之变动。投入要素的价值变动问题可以用下面的两种方法来解决。

1. 预估法

在公司初创时，创业者应对每一位股东的投入要素进行预估（包括其付出的时间要素），并将这个结果作为股权设计的重要依据。

例如，A、B、C三人共同创业，A负责领导公司发展，B负责公司内的事务性工作，C负责出资。按照市场行情，A的时间价格为年薪42万元左右，B的时间价格为年薪18万元左右。在创业初期，公司没有其他的资金来源，因此对 C 出资的 20 万元翻倍进行估值。

由此可知，第一年在不拿任何工资的情况下，三人的投入要素估算价值分别是：A 42 万元，B 18 万元，C 40 万元。也就是说，在总值为 100 万元的情况下，A、B、C 三人分别占据 42%、18% 和 40% 的股份。

2. 定期评估法

定期评估法需要对股东的投入要素进行定期的汇总，然后对其在某一时间段内的投入进行估值，得出这一时间段内的股权设置依据。这种方法虽然麻烦，但比较符合股东动态投入方式的特点。

仍然以上述案例为例，其他条件不变，只将 A、B 的年薪分别换算成 3.5 万元和 1.5 万元的月薪。然后每隔一段时间按照股东投入的现有价值来计算其分得的股权。

在 A、B、C 都不拿工资的情况下，A 第一个月为公司投入 3.5 万元，B 投入 1.5 万元。公司第一个月的运作成本为 2 万元，由 C 出资，翻倍之后估值 4 万元。也就是说，第一个月的总投入为 9 万元，A、B、C 三人分别占据了 38.9%、16.7% 和 44.4% 的股权。

以此类推，在每个月月底都按照这种方法对 A、B、C 三人的投入进行累计计算，得出其应占的股权比例。当然，评估的周期可以根据公司的实际情况自行决定。

虽然公司的股权结构呈动态变化，但是随着公司持续对各方投入进行估值，到了后期，这一动态变化幅度就会逐渐趋于稳定。

还以上述案例为例，在第一个月（假如是 1 月）时，总投入的估值为 9 万元，A 投入 3.5 万元，可以获得 38.9% 的股权。到了 11 月底，总投入的估值达到了 99 万元。即便下一个月 B、C 不作任何投入，只有 A 继续投入，那么在 12 月底，A 也就只能增加 3.4% 的股权。何况 B、C 还会继续投入，A 实际增加的股权只会更少。

如此看来，越到后期，公司的股权结构经过一段时间的变动，会变得相对稳定，股东的投入不会再对其造成影响。定期评估也可以告一段落，公司则可以得出一个相对稳定的股权比例。需要注意的是，公司在获准融资之前一定要确定股权结构，否则会影响投资人对创业团队的评定，甚至会影响融资结果。

3.3　掌握股权生命线

股权比例指的是股东持有的股份在公司总股本中占据的比例，能够决定股东在公司中获得的权利和利益分配。一些关键的股权比例可能会对创业者和公司产生重要影响，因此创业者需要关注这些股权生命线。

↑ 3.3.1　67%：拥有绝对控制权

67% 的股权比例被称为绝对控制线。一般来说，当一名股东手中的股权比例达到 67% 的时候，其就拥有了对公司的绝对决策权。

《公司法》第六十六条规定："股东会的议事方式和表决程序，除本法有规定的外，由公司章程规定。

股东会作出决议，应当经代表过半数表决权的股东通过。

股东会作出修改公司章程、增加或者减少注册资本的决议，以及公司合并、分立、解散或者变更公司形式的决议，应当经代表三分之二以上表决权的股东通过。"

第二百二十九条规定："公司因下列原因解散：（一）公司章程规定的营业期限届满或者公司章程规定的其他解散事由出现；（二）股东会决议解散……"

第二百三十条规定："公司有前条第一款第一项、第二项情形，且尚未向股东分配财产的，可以通过修改公司章程或者经股东会决议而存续。

依照前款规定修改公司章程或者经股东会决议，有限责任公司须经持有三分之二以上表决权的股东通过，股份有限公司须经出席股东会会议的股东所持表决权的三分之二以上通过。"

股东股权的数量与表决权的大小是相互对应的。股东持有多少股权，就拥有多大的表决权。2/3 的表决权对应 2/3 的股权，大约为 66.67%。这意味着只要公司章程中没有特殊规定，大股东持有 67% 的股权，他就可以获得超过 2/3 的表决权，从而全面掌控公司。在这种情况下，对于修改公司章程、调整注册资本，合并、分立或解散公司等重大决策，大股东可以自由行使表决权，实现对公司的全面控制。

此外，67% 的绝对控制权与表决权紧密相关。根据《公司法》的规定，股东通常按出资比例行使表决权，即有多少股权就有多大表决权。然而，公司章程可以规定不按照出资比例行使表决权。因此，67% 的绝对控制权的前提是公司章程没有对表决权进行额外的规定。

↑ 3.3.2 51%：相对控制线实现相对控股

51% 是相对控制线。股东拥有了超过 51% 的股权后，可以对一般的决议事项进行控制。《公司法》第一百一十六条规定："股东出席股东会会议，所持每一股份有一表决权，类别股股东除外。公司持有的本公司股份没有表决权。

股东会作出决议，应当经出席会议的股东所持表决权过半数通过。

股东会作出修改公司章程、增加或者减少注册资本的决议，以及公司合并、分立、解散或者变更公司形式的决议，应当经出席会议的股东所持表决权的三分之二以上通过。"

这意味着股东持股达到或超过 51% 就拥有了超半数的表决权，也就拥有了对公司的相对控制权。在公司章程没有特殊规定且股东按照出资比例行使表决权的情况下，股东可以主导一些事情的决策，具体如下。

（1）对公司的经营原则和投资方案进行决策。

（2）选举、更换董事、监事，并决定董事、监事的报酬。

（3）审查、批准董事会的报告。

（4）审查、批准监事会及监事的报告。

（5）审查、批准公司的年度财务预算计划及最终结算计划。

（6）审核利润分配。

（7）批准发行债券的有关规定。

（8）对公司的合并、分立、解散、清算、变更作出决议。

（9）公司章程规定的其他职权。

↑ 3.3.3　34%：具有一票否决权

相对于 67% 的绝对控制权，34% 的股权是一个关键的生命线。当一个股东在公司内拥有超过 34% 的股权时，其他股东将无法拥有超过 2/3 的股权，即拥有超过 34% 的股权就意味着股东能够对需要 2/3 以上表决权通过的事项拥有一票否决权。

在公司章程没有特殊规定且股东按照出资比例行使表决权的情况下，大股东拥有 67% 的股权将使他们完全控制公司。这一控制权对公司运营有利有弊：一方面，大股东的绝对控制权可以减少不同股东之间的争议，快速推进公司的改革方案和融资计划；另一方面，如果大股东决策失误，公司可能会遭受重大损失。

为了避免大股东决策过于激进或滥用权力，公司需要限制他们的权力。如果其他股东拥有 34% 的股权，这意味着大股东最多只能拥有 66% 的股权。这样，大股东无法获得《公司法》规定的 2/3 的表决权，而持有 34% 股权的股东则获得了对重大事项的一票否决权，从而有效限制了大股东的不当行为。

以王某为例，他在大学毕业后创办了一家科技公司。经过多年的发展，公司的市场规模不断扩大，需要更多的资金来维持运营。为了取得更好的发展，王某与业内巨头 A 公司达成合作，获得了该公司的战略投资。

A 公司希望通过投资王某的公司来拓展自身业务和推动公司发展。合作达成后，A 公司向王某的公司投资了 6000 万元，获得了该公司 40% 的股权。有了这笔充足的资金，该公司的发展取得了显著突破。

然而，此次融资后，王某所持有的股权比例下降到 34%，他的公司控制权在一定程度上被削弱了。随着公司的发展势头越来越好，A 公司不再满足于仅仅作为投资方，而是想要吞并王某的公司。

在一次股东会会议上，A 公司提出了合并公司的建议，但王某并不同意。令王某意外的是，其他小股东竟然赞同 A 公司的提议。在这关键时刻，王某果断投了反对票。最终，由于同意合并的表决权未超过 2/3，合并提议被否决了。

在上述案例中，正是由于王某拥有 34% 的股权，A 公司的合并提议才未能获得超过 2/3 的同意票。由此可见，持股 34% 的股东可以对公司的决议产生重大影响。因此，股东需要高度重视 34% 这条股权生命线，防止大股东捣乱，并在必要时充分发挥 34% 股权的作用，以维持公司的良好运营与发展。

↑ 3.3.4　20%：对公司有重大影响

持股比例达到 20% 的股东的决策通常会对公司经营产生重大影响。《企业会计准则第 2 号——长期股权投资》第二条第三款对此进行了相关说明："重大影响，是指投资方对被投资单位的财务和经营政策有参与决策的权力，但并不能够控制或者与其他方一起共同控制这些政策的制定。在确定能否对被投资单位施加重大影响时，应当考虑投资方和其他方持有的被投资单位当期可转换公司债券、当期可执行认股权证等潜在表决权因素。投资方能够对被投资单位施加重大影响的，被投资单位为其联营企业。"

一旦投资方对被投资公司有重大影响，则需要以权益法对此投资进行会计核算。权益法是对投资收益进行处理的一种方法，与之相对应的是成本法。我们可以将权益法理解为权责发生制：只要被投资公司有了年终利润，投资方就能以享有的股权比例获得收益并调整股权投资的账面价值。成本法可以被理解为收付实现制：投资方在被投资公司分红时才确认收益。同时，在投资额度不变的情况下，股权投资的账面价值一般不会调整。与成本法相比，在权益法这种核算方法下，被投资公司每年的盈亏情况都会对投资方合并报表中的利润产生影响。

例如，A 公司以 6000 万元参股 B 公司，占 B 公司增资后总股本的 21%。由于 A 公司的投资对 B 公司产生了重大影响，因此此次投资应当通过权益法进行会计核算。同时，B 公司每年的盈亏情况也会对 A 公司的利润产生影响。如果 A 公司持有 B 公司的股份未超过 20%，就可以以成本法核算此次投资。除了 B 公司分红、A 公司转让 B 公司股份等情况，此次投资不会影响 A 公司的利润。

↑ 3.3.5 10%：能够召开临时股东会会议

当股东之间产生摩擦，无法正常进行交流并对公司运营产生影响时，拥有 10% 股权的股东能够召开临时股东会会议并申请解散公司。

为了维护股东的正当权益，相关规定为股东提供了自救的方法。《公司法》第二百三十一条规定："公司经营管理发生严重困难，继续存续会使股东利益受到重大损失，通过其他途径不能解决的，持有公司百分之十以上表决权的股东，可以请求人民法院解散公司。"

这意味着单独或合计持有公司 10% 以上股权的股东，可以向法院申请解散公司，以防止公司损失进一步扩大并保护股东的权益。但需要注意的是，享有这一权利的前提是股权与表决权一一对应，即持有公司 10% 以上表决权的股东或者合计持有公司 10% 以上表决权的多位股东才有资格提起解散公司的诉讼。

对于有限责任公司的股东而言，10% 的股权是一条重要的资产保护线，在必要时可为股东维权提供法律依据与支持。如果股东忽视了这条生命线，则有可能遭受重大损失。

例如，周某、王某、杨某合伙创办了一家餐饮公司，以出资比例划分，三人持股比例分别为 51%、40%、9%。创业之初，公司发展势头良好，获得了不错的收益。然而在之后的经营过程中，周某、王某就公司经营问题产生了矛盾，双方僵持不下。在这种情况下，周某以自己的股权优势擅自变更了公司的经营方针。没过多久，公司陷入发展困境，入不敷出。对于公司日渐颓败的情况，杨某看在眼里，急在心里，却无可奈何。

在上述案例中，杨某忽略了 10% 股权的重要性。由于公司以出资划分股权比例，一份股权就代表一份表决权，在这种情况下，杨某只要拥有 10% 的股权，就可以在必要的时候及时向法院提起解散公司诉讼。然而杨某仅持有 9% 的股权，不具备申请解散公司的资格，因此遭受了巨大的损失。

因此，对于参与公司实际经营的股东而言，持股比例至少要达到 10%，这样才能在公司经营不善、治理混乱时，及时提起解散公司诉讼，保护自身的合法权益。

3.4　何时需要调整股权设计

股权设计并不是一成不变的，而是需要根据公司的发展情况随时进行调整。如果公司出现以下四种情况，就需要对股权设计进行调整：一是增资扩股；二是原股权贡献价值变动；三是新合伙人加入；四是原合伙人中途退出。

↑ 3.4.1　增资扩股

增资扩股指的是公司引入新的投资者、扩大股权的行为。增资扩股能够有效增加公司的可流动资金，增强经济实力，且一般是引入外部投资人，无须分割原有股东的股权。下面是常见的三种增资扩股方式，如图 3-1 所示。

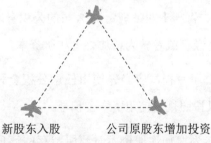

公司未分配利润、公积金

新股东入股　　公司原股东增加投资

图 3-1　常见的三种增资扩股方式

1. 公司未分配利润、公积金

《公司法》相关规定如下。

《公司法》第二百一十条规定："公司分配当年税后利润时，应当提取利润的百分之十列入公司法定公积金。公司法定公积金累计额为公司注册资本的百分之五十以上的，可以不再提取。

公司的法定公积金不足以弥补以前年度亏损的，在依照前款规定提取法定公积金之前，应当先用当年利润弥补亏损。

公司从税后利润中提取法定公积金后，经股东会决议，还可以从税后利润中提取任意公积金。

公司弥补亏损和提取公积金后所余税后利润，有限责任公司按照股东实缴的出资比例分配利润，全体股东约定不按照出资比例分配利润的除外；股份有限公司按照股东所持有的股份比例分配利润，公司章程另有规定的除外。

公司持有的本公司股份不得分配利润。"

《公司法》第二百一十一条规定："公司违反本法规定向股东分配利润的，股东应当将违反规定分配的利润退还公司；给公司造成损失的，股东及负有责任的董事、监事、高级管理人员应当承担赔偿责任。"

《公司法》第二百一十四条规定："公司的公积金用于弥补公司的亏损、扩大公司生产经营或者转为增加公司注册资本。

公积金弥补公司亏损，应当先使用任意公积金和法定公积金；仍不能弥补的，可以按照规定使用资本公积金。

法定公积金转为增加注册资本时，所留存的该项公积金不得少于转增前公司注册资本的百分之二十五。"

如果公司章程有特殊规定，则以公司章程为准。

2. 公司原股东增加投资

公司原股东可以按照原始的出资比例增加出资额，增资后出资比例不发生变化。这种方式仅适用于内部股东。

3. 新股东入股

拟上市公司增资扩股时，外部投资人可以通过投资入股的方式成为公司的新股东。新股东入股的价格应当根据公司净资产与注册资本之比确定，溢价部分作为公司的资本公积金。

拟上市公司进行增资扩股需要注意一些问题。《首次公开发行股票注册管理办法》第十二条第二项规定："主营业务、控制权和管理团队稳定，首次公开发行股票并在主板上市的，最近三年内主营业务和董事、高级管理人员均没有发生重大不利变化；首次公开发行股票并在科创板、创业板上市的，最近二年内主营业务和董事、高级管理人员均没有发生重大不利变化；首次公开发行股票并在科创板上市的，核心技术人员应当稳定且最近二年内没有发生重大不利变化；发行人的股份权属清晰，不存在导致控制权可能变更的重大权属纠纷，首次公开发行股票并在主板上市的，最近三年实际控制人没有发生变更；首次公开发行股票并在科创板、创业板上市的，最近二年实际控制人没有发生变更。"

根据上述规定，拟上市公司进行增资扩股时，公司实际控制人不能发生变更，管理层不能有重大变化，主营业务不能发生重大变化，以免影响公司上市进程。

3.4.2　原股权贡献价值变动

在不同发展阶段，公司的需要并不相同。在发展初期，公司更需要资金；在发展后期，公司更需要技术的支持。因此，各位股东的贡献价值会随着公司的发展而变化。股东的贡献价值可能会影响其股权占比。

例如，公司成立初期，资金是重中之重，因此股东为公司投入的资金常会被翻倍进行估值。到了发展后期，公司的营业收入状况已趋于平稳，现金周转已不似初期那样棘手。扩大经营规模、增强核心竞争力、开发核心技术、打造品牌效应等，才是公司在这个时期关心的问题。

因此，对于在这个时候作出这些贡献的股东，公司就需要按照他们贡献的价值重新分配股权，将其他股东的股权稀释，对在这一时期贡献特别突出的股东给予股权奖励，增加他们的股权。

例如，A、B、C三人合开了一家网上商城，A和B分别投资60万元和40万元，C有电商工作经验和网页设计的才能，以技术股东的身份入股。成立初期，三人按投入的资金来分配股权，A占股60%，B占股40%，C不占股，只拿绩效奖金。

一年后，网上商城运转良好，取得了很好的成绩。要想使网上商城维持现有的经营水准并拓展业务领域，就需要C在管理和技术上的支持。A和B讨论后，决定给予C 10%的股权奖励，新的股权设计方案具体如下。

A的股权：60%×（1－10%）=54%。

B的股权：40%×（1－10%）=36%。

C 的股权：10%。

在上述案例中，在公司发展后期，因为技术和管理的重要性提升，C 的贡献比例明显增加，所以为了留住 C 继续为公司工作，公司经过调整后将 10% 的股权分配给了 C。

3.4.3　新合伙人加入

许多股东可能会对外转让股权，公司因此会增加新的股东。新的股东加入后，会对公司之前的资产、负债进行确认和评估，确认公司资产状况。评估的结果通常有以下三种。

（1）公司之前的净资产的账面价值等于其公允价值。

（2）公司之前的净资产的账面价值小于其公允价值，说明公司的资产在升值。

（3）公司之前的净资产的账面价值大于其公允价值，说明公司的资产在贬值。

《公司法》第八十四条规定："有限责任公司的股东之间可以相互转让其全部或者部分股权。股东向股东以外的人转让股权的，应当将股权转让的数量、价格、支付方式和期限等事项书面通知其他股东，其他股东在同等条件下有优先购买权。股东自接到书面通知之日起三十日内未答复的，视为放弃优先购买权。两个以上股东行使优先购买权的，协商确定各自的购买比例；协商不成的，按照转让时各自的出资比例行使优先购买权。

公司章程对股权转让另有规定的，从其规定。"

新股东是指通过受让股权加入公司的第三人。有限责任公司本质上要求股东之间相互信赖，新股东加入既是一种资金的联合，也是人的联合。由于原有的股东对新加入的股东可能并不了解，彼此之间还没有建立信任感，日后在合作中可能会出现各种矛盾，因此公司需要根据《公司法》的相关规定制定一套合理的新股东入伙程序，以确保新老股东的利益都不受到损害。例如，某公司对新股东加入的规定如下。

（1）新股东加入，除公司章程另有规定外，应当半数经其他股东同意。同时，应就其股权转让事项书面通知其他股东征求同意，其他股东自接到书面通知之日起满 30 日未答复的，视为同意转让。

（2）半数以上其他股东不同意转让的，不同意的股东应当购买该转让的股权；不购买的，视为同意转让。经股东同意转让的股权，在同等条件下，其他股东有优先购买权。两个以上股东主张行使优先购买权的，协商确定各自的购买比例；协商不成的，按照转让时各自的出资比例行使优先购买权。

（3）原股东应当如实告知向新股东公司之前的经营状况和财务状况。

（4）新股东与原股东享有同等权利，承担同等责任。公司章程另有规定的，遵从公司章程的规定。

↑ 3.4.4   原合伙人中途退出

在公司发展过程中，合伙人退出是一件很常见的事情，但合伙人在退出时应当合理处理股权，实现平稳退出，避免对公司经营造成影响。一些创业者对此没有一个明确的概念，没有建立完善的股东退出机制，经常出现股东与公司"兵戎相见"的局面，给公司的后续运营带来很大麻烦。

例如，某个股东在公司成立初期出资50万元，拥有公司30%的股权。后来，该股东因为个人原因要从公司离职，却明确表示不同意退股，理由是公司没有规定股东离职必须退股。其他股东则认为该股东不退回股权是不合理的。因为该股东不会再参与公司后续的经营，也不会再为公司贡献价值，却拥有30%的股权，损害了其他股东的利益，使他们原本可以获得的分成变少了。但由于事先没有建立股东的退出机制，公司一时也没有办法回购退出股东的股权。

在这个案例中，这家公司明显陷入一种比较被动的境地。股东投资公司、获取股权，是基于其看好公司的发展前景，愿意和其他股东一起创造更多的价值。

股权的核心价值在于股东与公司长期绑定，通过长期的共同努力创造更大的利益，再按照分配的股权进行分成。随着公司的经营效益变好，股权的价格也会逐渐上涨。如果不建立退出机制，中途退出的股东就有可能带走股权，这对其他长期参与公司经营的股东来说很不公平。因此，针对股东退出，提前建立预警性的退出机制是非常有必要的。

在公司创立初期，股东的股权按资金股与人力股划分，以2:8的比例计入总股权，这样人力股在股东持有的总股权中就占有较大的比例。但人力股也不能一次性分配给股东，人力股要和服务期限或核心业绩指标挂钩，如果股东未达标，则其股权应当按照约定处置。比如，在一定期限内，约定股权由创始股东代持。

如果股东离职，离职股东可以兑现资金股和已经成熟的人力股。

公司或其他股东有权溢价回购离职股东未成熟的股权，对于其已经成熟的股权，在双方协商后也可以由公司或其他股东回购。对于离职不退股的行为，如果公司不希望诉诸法律，可以约定高额的违约金，以约束各位股东。

在公司成立初期，股东和创业者应该就退出机制进行充分合理的沟通，做好预期管理，然后再进行经营。此外，在回购退出股东的股权时，公司应遵循以下两个原则。

（1）承认股东的贡献。尽管股东已退出公司，但他们在公司发展过程中所作出的重要贡献是不能被忽视的。公司可以收回退出股东的全部或部分股权，但也必须承认股东的历史贡献，按照一定的溢价或折价回购股权。这一点不仅关系到股东能否顺利退出，还与公司形象的塑造息息相关。

（2）确定回购价格。确定退出股东的股权回购价格时，需要考虑两个因素：一是退出价格基数；二是溢价或折价倍数。例如，公司可以按照退出股东出资购买股权的价格以一定的溢价回购，或者按照退出股东按其持股比例可参与分配的净资产或净利润的一定溢价回购，也可以按照公司最新一轮融资估值的一定折扣价回购。

对于股权的设计，不能仅依据出资的多少来分配，而应遵循"贡献大，回报多"的原则，综合考虑股东的贡献，以制订具体的股权分配方案。此外，公司还应根据可能出现的变动因素做好预案，以便及时调整股权分配方案。

第 **4** 章

股权设计雷区：创业者控制权是怎样流失的

创业者通常通过持有绝大多数股权来掌握控制权，但随着公司融资轮次的增加，创业者的股权比例会逐渐被稀释，最终可能会失去对公司的控制权。因此，创业者应该避免设计有缺陷的股权方案，以维护自身的控制权。

4.1 失败的股权方案

创业者需要谨慎设计股权方案，因为失败的股权方案可能会给公司未来的发展埋下隐患。在制订股权方案时，创业者容易犯五个错误：一是股权由创始团队平分；二是大股东占股不足 51%；三是股权分配对象错误；四是仅出资股东占大股；五是忽视了预留股权的重要性。

⬆ 4.1.1 股权由创始团队平分

许多创业者在创业初期容易犯的错误是平分股权。平分股权表面上看似公平，实际上很容易引发各种争端，如因各位股东贡献不同而引起的心理不平衡、创业者失去控制权等。

例如，真功夫曾是快餐行业的领军品牌餐厅，但因股权问题而导致估值缩水，发展一度停滞不前。

创业者潘宇海与其姐姐潘敏峰、姐夫蔡达标的股权分配如下：潘宇海占股 50%，姐姐、姐夫分别占股 25%。随着真功夫规模不断扩张，三人并未按实际情况重新分配股权。后来，潘敏峰与蔡达标协议离婚，由于潘敏峰主动转让了自己的股权，蔡达标掌握了真功夫 50% 的股权，导致潘宇海和蔡达标的股权处于平均分配的状态。

因为考虑上市，潘宇海和蔡达标决定进行融资，最终获得了中山联动和今日资本的投资。当时，二人各自拿出 3% 的股权给投资人，但二人的股权比例依然相同，均为47%。

随后，蔡达标提出内部管理改革，去家族化并控股中山联动。他聘请了一些职业经理人来管理真功夫，取代了之前的家族式管理方式。至此，真功夫的股权已经发生了多次变化，其变化路径如表4-1所示。

表4-1　真功夫的股权变化路径

关键节点	蔡达标股权	潘敏峰股权	潘宇海股权
蔡达标、潘敏峰离婚前	夫妻俩共同持股50%		50%
蔡达标、潘敏峰离婚后	50%	放弃其25%	50%
引入中山联动和今日资本，两家各占3%股权	47%	—	47%
蔡达标控股中山联动	53%		47%

由于许多工作由蔡达标主导推进，潘宇海被逐渐架空，实权变小。这引发了潘宇海的强烈不满，他与蔡达标的矛盾进一步升级。

潘宇海控告蔡达标非法挪用公司资产。经过法院调查审理，蔡达标最终被逮捕。潘宇海重新获得真功夫的控制权。然而，真功夫的股权之争给公司带来了无法挽回的影响。

许多创业者选择与朋友或亲人合伙创业，在创业初期，出于个人感情或"面子"，各创始人往往会平分股权。然而，这种做法会给公司带来潜在的风险。为了避免这种情况，创业者应在公司成立之初就制定明确的股权分配制度并严格执行。

↑ 4.1.2　大股东占股不足51%

创业者是一家公司的核心，其行为、决策、态度和价值观等都会潜移默化地影响公司的发展。可以说，创业者主导了公司的发展进程。然而，在公司发展过程中，引进新股东、融资等行为都可能会导致创业者的股权被稀释，使其股权占比一再下降，最终有可能会失去对公司的控制权。

如果创业者占股比例超过51%，则拥有相对控股权，可以对公司重大决策进行表决控制。如果创业者占股比例不足51%，则可能会丧失对公司的控制权，股权较多的股东可能会争夺公司控制权。控制权之争往往会耗费股东和创业者大量的时间和精力，对融资进程造成一定影响。

为了更好地管理公司，促进公司正常经营和长远发展，创业者必须将自身股权比例维持在一个合理水平，以始终掌握对公司的控制权。在公司发展的不同阶段，股权比例可能会发生变化，但创业者尤其是控制公司的创业者必须持有较高比例的股权。

4.1.3　股权分配对象错误

许多创业者常常找错股权分配对象，为不应持股的人发放过多股权。在创业初期，一些创业者往往无法对股权进行合理规划，如将大量股权分配给早期投资人。随着公司的发展，他们意识到股权更应该分配给高素质人才，这样更有助于留住人才、增强团队凝聚力。

例如，张某是一家公司的创始人。创业初期，为了吸引更多人才加入公司，他倾向于招募一些优秀的兼职员工，并为其发放大量股权。然而，这些兼职员工既没有承担太多工作，也没有承担经营风险，导致他们的股权与实际贡献不匹配。久而久之，全职员工和其他付出巨大的股东对此现象感到非常不满。

后来，张某优化了股权分配模式。对于兼职员工，他采取动态股权方案，设置了相应的考核机制和股权成熟机制。只有通过考核，兼职员工才能转正成为全职员工，届时公司会根据他们的贡献为其发放股权。

我们通过上述案例可以明白，创始人不应给予早期参与公司运营的人员过多股权。对于只投入资源但不参与管理、经营的合伙人，创始人最好只分给他们项目提成和红利，而不应将其与公司进行股权捆绑。另外，优秀的兼职员工也不应获得过多股权，创始人可以与他们交换资源或为他们设置股权成熟机制。这有利于保证公司内部的稳定和团结，提高全职员工的忠诚度。

4.1.4 仅出资股东占大股

一些规模较小的公司仅有一个出资比例较大的出资人，这种不合理的股权结构容易导致股权过于集中。一个股东的股权占比较大，容易导致"一言堂"情况。

这种模式在公司成立初期可能不会产生明显问题，但随着公司进入规模化、多元化运营阶段，由于缺乏制衡机制，可能会出现决策失误的情况。同时，公司面临的风险会随着实力的增强而增大。另外，一旦大股东出现意外状况，如死亡，可能导致公司陷入"停摆"，这不仅不利于保护小股东的利益，还可能会对公司的长期发展造成不利影响。此外，大股东个人行为与公司行为容易混同，导致大股东需要承担更多因公司行为导致的不利后果。

↑ 4.1.5 忽视了预留股权的重要性

在股权分配过程中，许多创业者往往会忽视预留股权的重要性。公司的发展是一个动态的过程，充满了变数。预留股权能够为公司未来的变动提供调整空间，有利于公司的长远发展。

一般来说，公司在发展过程中会面临两大问题：员工激励和引入新的股东。如果创业者在股权分配时没有预留股权，在处理这两个问题时将耗费更多时间和精力。因此，预留股权具有两方面的作用。

（1）有利于激励员工。公司的运营和发展最终依赖于人来实现。优秀的员工是实现这一目标的有力保障。如果没有员工的配合，即使创始人有很好的创意，也难以转化为实际利益。为了留住优秀员工并激励他们为公司的发展作出贡献，需要有相应的激励机制。为员工分配股权是一种非常有效的激励措施。如今，许多人才不仅看重年薪和福利，还关注公司能给予自己多少股权。因此，如果公司没有预留股权，可能难以招聘到所需的优秀人才。

（2）有利于引入新的股东。在公司发展的过程中遇到技术问题或资金问题时，创业者可以通过引入拥有相应资源的股东来解决问题。但是，一般来说，股东入股公司是想获得公司的股权。如果公司没有预留股权，在后期引入新的股东时，就需要对当前的股权架构进行调整，这容易导致股权纠纷。

综上所述，创业者在进行股权分配时忽视预留股权可能会影响公司的长远发展。因此，创业者应该避免这个误区，综合考虑各种因素，为公司的长远发展预留出股权调整空间。

4.2 将保护控制权作为股权设计核心

控制权是股权设计的核心和基础。在公司发展初期，股权相对集中，创业者能够掌握控制权。但随着公司的发展壮大，创业者需要采取措施避免因股权稀释而导致失去控制权的问题。

↑ 4.2.1 小股东委托大股东行使投票权

在公司的运营中，股权的多少决定了话语权的大小。小股东持有的股权较少，若想增强自己的话语权，可以借助委托投票权这一机制。

委托投票权指的是股东在股东会会议召开之前把投票权转让给出席大会的其他人行使。《公司法》第一百一十八条规定："股东委托代理人出席股东会会议的，应当明确代理人代理的事项、权限和期限；代理人应当向公司提交股东授权委托书，并在授权范围内行使表决权。"

例如，某上市公司旗下有一家子公司，在申报 IPO（首次公开募股）之前，上市公司与子公司的股东肖某签订了委托投票权协议。协议中明确规定，肖某将其持有的 19% 的子公司股权所对应的权利授权给上市公司来行使，具体条款如下。

（1）在子公司股东会进行决议时，上市公司可以根据自己的意愿来行使这 19% 股权所对应的表决权。

（2）上市公司享有这 19% 股权所对应的提案权、提名权等各项权利。

（3）此委托期限自协议签署之日起，直至肖某的持股比例降至 1% 以下。

（4）这一授权委托是无条件且不可撤销的。同时，肖某承诺在协议签订后的 5 年内不会转让这 19% 的股权。期限到后，如果肖某决定转让股权，上市公司享有优先购买权。

肖某之所以签署委托投票权协议，主要有以下几个原因：他长期居住在外地，不便参与子公司的日常管理，且他自己并无这方面的意愿；肖某与上市公司的法定代表人陈某是多年的好友，彼此之间非常信任；上市公司多年的经营状况一直良好。这让肖某更加放心地将自己持有的 19% 股权所对应的投票权委托给上市公司来行使。

需要指出的是，委托投票权与一致行动人是有区别的。在委托投票权的机制中，身为委托人的股东会完全放弃自己的投票权，由受托人代为行使。在公司上市的过程中，如果存在几个股东的股权比例相近且股权较为分散的情况，创业者通常会将这些股东捆绑为一致行动人。但如果这些股东是纯粹的财务投资者，他们并不愿意被长期绑定，此时创业者就可以选择使用委托投票权的方式来获得这些股东的投票权，从而实现对公司的实际控制。

⇧ 4.2.2 小股东绑定行动

小股东还可以绑定行动。《公司法》第二百六十五条第三项规定："实际控制人，是指通过投资关系、协议或者其他安排，能够实际支配公司行为的人。"可见，即使不是公司股东，通过协议安排，也能成为实际控制人。

《上市公司收购管理办法》第八十三条第一款规定："本办法所称一致行动，是指投资者通过协议、其他安排，与其他投资者共同扩大其所能够支配的一个上市公司股份表决权数量的行为或者事实。"

由此可见，公司股东签署一致行动人协议相当于在股东会之外又建立了一个合法的"小股东会"。每次股东会决议事项前，"小股东会"可以先讨论出一个对外的结果，然后再统一在股东会中作出表决。简单来说，就是几名股东一致对外，如果有人不按照协议约定一致行动，那他就会受到协议中约定条款的惩罚，如罚金、赔偿股份等。

非上市公司与上市公司关于一致行动人的界定存在一定差别。对此，《上市公司收购管理办法》第八十三条第二款对上市公司"一致行动人"做出了界定："在上市公司的收购及相关股份权益变动活动中有一致行动情形的投资者，互为一致行动人。如无相反证据，投资者有下列情形之一的，为一致行动人：

（一）投资者之间有股权控制关系；

（二）投资者受同一主体控制；

（三）投资者的董事、监事或者高级管理人员中的主要成员，同时在另一个投资者担任董事、监事或者高级管理人员；

（四）投资者参股另一投资者，可以对参股公司的重大决策产生重大影响；

（五）银行以外的其他法人、其他组织和自然人为投资者取得相关股份提供融资安排；

（六）投资者之间存在合伙、合作、联营等其他经济利益关系；

（七）持有投资者 30% 以上股份的自然人，与投资者持有同一上市公司股份；

（八）在投资者任职的董事、监事及高级管理人员，与投资者持有同一上市公司股份；

（九）持有投资者 30% 以上股份的自然人和在投资者任职的董事、监事及高级管理人员，其父母、配偶、子女及其配偶、配偶的父母、兄弟姐妹及其配偶、配偶的兄弟姐妹及其配偶等亲属，与投资者持有同一上市公司股份；

（十）在上市公司任职的董事、监事、高级管理人员及其前项所述亲属同时持有本公司股份的，或者与其自己或者其前项所述亲属直接或者间接控制的企业同时持有本公司股份；

（十一）上市公司董事、监事、高级管理人员和员工及其所控制或者委托的法人或者其他组织持有本公司股份；

（十二）投资者之间具有其他关联关系。

例如，养元饮品是一家成立较早的公司，成立于 1997 年。后来，养元饮品被姚奎章收购，完成了私有化改革。然而，在私有化之初，姚奎章仅持有 23.36% 的股权，并未实现绝对控股。

姚奎章对养元饮品的控制权有限，仅为 23.36%。除姚奎章之外，其他股东也未能实现绝对控股。这意味着在当时任何人都无法单独对公司的重大经营决策产生决定性影响。换句话说，养元饮品在那时并无实际控制人。

为了提高决策效率和避免决策分歧，姚奎章对公司的控制权进行了整合。虽然将小股东的股权直接转让给其实际控制的雅智顺投资有限公司是最为便捷的整合方式，但由于公司即将上市，若让小股东放弃直接持股，可能会间接损害他们的利益，因此姚奎章采取了以下策略。

雅智顺投资有限公司召开临时股东会会议，会议通过了《关于签订〈姚奎章先生与雅智顺投资有限公司一致行动协议〉的议案》。除姚奎章外的其他 14 名股东一致通过了该议案。同时，姚奎章与雅智顺投资有限公司也签署了这一协议。

通过一致行动人协议，姚奎章获得了养元饮品 43.75% 的控制权，成为公司的实际控制人。

4.3 不能触碰股权设计雷区

在股权设计过程中，存在一些需要创业者规避的雷区。对此，创业者可以从两个方面入手：一是预留股权的浮动空间，以增加操作的灵活性；二是设置合伙人贡献目标，根据目标完成度分配股权。

↑ 4.3.1 以预估法预留浮动空间

在合伙创业时，各位合伙人能够提供的资源各不相同。某些资源的价值难以进行量化计算，因此股权分配存在一定的难度。面对这种情况，创业者可以采用预估法对各位股东提供的资源的价值进行预估，据此分配股权并预留出一定的浮动空间。

以 A、B、C 三人的共同投资为例，用预估法来合理预估他们的股权占比。A、B、C 三人一起开了一家饮料加工厂。在创业初期，A 投入的是场地，折合现金 30 万元。B 以技术要素入股，根据相关技术的生产力以及当时的市场条件，折合现金 25 万元。C 直接以现金的方式投资，总额为 20 万元。A、B、C 三人的投资总额为 75 万元。

但是，在实际工作中，A、B、C 三人各有所长。A 负责饮料加工厂的整体运营；B 负责饮料加工厂的人事管理；C 负责饮料加工厂的原材料采购。根据当时的市场行情，A 的年薪应在 15 万元左右；B 的年薪应在 10 万元左右；C 的年薪应在 8 万元左右。由于创业初期公司没有其他资金来源，而原材料采购对工厂发展至关重要，三人一致同意对 C 投资的 20 万元资金进行 1.5 倍翻倍处理。

因此，在创业的第一年，A、B、C 三人的投入资本预估总额分别为 45 万元、35 万元和 38 万元。三人的投资总额为 118 万元，三人的股权比例分别为 38.1%、29.7%、32.2%。

与静态的评估法相比，预估法具有明显的优越性。它既能够反映各位股东的资本占比，又能够充分考虑他们对团队的贡献。这种预估方法相对公平，有利于充分调动各位股东的积极性。

4.3.2　利用提前设置的目标分配股权

创业者可以在设计股权时采取提前设置目标的方法，为每位股东设置需要达成的短期目标，并根据股东的目标达成程度进行股权微调。这种方式可以激发股东的工作积极性，有效提高公司业绩。以某公司股东绩效考核制度为例，具体内容如下。

某公司股东绩效考核制度示例

1. 目的

为充分调动公司股东参与销售业务工作的积极性，建立公平合理、公开透明、有效激励的内部奖励分配机制，结合本公司的实际情况，特制定本制度。

2. 适用范围

适用范围包括××、××、××等股东。

3. 销售任务

股东的销售任务额每月月初公布，原则上按人均 10 万元/月设定考核目标。

4.销售业绩奖励

（1）采用按销售额发放提成奖金的考核方式，隔月结算，即本月结算上个月的提成奖金。

（2）具体提成比例如下表所示。

股东月度实际销售额 / 元	提成比例
0 ～ 100 000	0
100 001 ～ 120 000	2%
120 001 ～ 140 000	3%
140 001 ～ 160 000	4%
160 001 ～ 180 000	5%
180 001 ～ 200 000	6%
200 000 以上	7%

（3）提成奖金计算办法：提成奖金＝实际销售额 × 提成比例；实际销售额＝当月发货金额—当月退货金额。

（4）股东提成奖金计入公司工资成本。

（5）股东每月的提成奖金与利润分红同时兑现。

5.销售业绩惩罚

股东未完成销售任务的，其月度分红按照销售完成率进行折算，即实际分红金额＝核算分红金额 × 销售任务完成率。

月度销售任务及实际销售金额采用各月累计方式计算。例如，某股东 5 月的销售任务完成率 =1 ～ 5 月实际销售额 /1 ～ 5 月任务总额。

在上述案例中，公司对股东的业绩、提成方法以及未完成目标的惩罚办法都有明确规定。根据股东每月的业绩计算实际分红，这样既可以在一定程度上提高股东的工作积极性，又能确保股东拿到的分红符合其这一阶段的贡献度。

　　股权设计争议处理并不是一项事后工作，而是一项事前工作。无论是设置限制性股权，还是设定股权回购机制及股东的任务目标，都需要提前与股东协商好。

　　虽然这些制度可能会在一定程度上损害股东的感情，但权责清晰、有据可依的公司规章制度可以规避公司与股东产生争议，更有利于公司的进一步发展。

第**5**章

退出机制：以合理退出机制实现公司稳定发展

　　退出机制能够帮助合伙人以平稳的方式退出公司，能够保证公司高效、健康运转。创业者可以提前约定合伙人的退出方式并设置退出细节，以维护公司利益。

5.1　合伙人退出方式

合伙人的加入、退出都会对公司造成影响。因此，创业者需要提前了解合伙人的退出方式，并及时应对。合伙人退出方式主要有两种：一种是合伙人中途退出；另一种是合伙人被解雇退出。

5.1.1　合伙人中途退出

在公司的运营过程中，可能会出现合伙人中途退出的情况。如果没有提前制定应对机制，可能会对公司的平稳运营产生不良影响。

例如，湖北有一家实业公司，其创业团队由四位股东组成。之后，没有新的股东加入。这四位股东根据出资额分别占据公司 50%、20%、20%、10% 的股权。

经过几年的辛苦经营，公司迎来了发展的黄金时期。然而，在这个时候，有两位股东提出要退出公司。并且，他们还要求公司按照他们所占的股权比例分配公司的盈利。

该公司的注册资本是 2000 万元，但是这四位股东并没有按照约定投入足够的资金。如今，公司的估值已经达到上亿元。如果按照要退出的两位股东所占的股权比例为其分配利润，显然是不合理的。其余两位股东觉得不公平，但是也找不出有力的反驳理由。

在这个案例中，股东中途退出给公司的发展带来了一定的影响，他们还要求分配公司的盈利。对于处于上升期的公司来说，资金是维系公司运营十分重要的因素。如果资金链断裂，公司有可能会遭受灭顶之灾。要防止这种情况的发生，就需要从源头入手。

股东中途退出是一个很常见的问题。这种情况会给其他股东的利益造成损害，创业者应该高度重视，严格限制股东在这种情况下的利益所得。为了保障自己和其他股东的利益，创业者需要制定明确的规定和惩罚措施，并将其以文字形式记录下来，作为一种制度公之于众并严格执行。

一般来说，股东中途退出公司不外乎三种原因：找到了新的投资项目、遇到了新的合作伙伴、急需用钱。因此，人性化的制度需要涵盖这三种情况。在前两种情况下，股东主动退出公司，是违约的行为。因此，对于这两种退出原因，创业者不需要给予理解。相反，还应该对股东进行惩罚，如降低其分红比例。

股东之所以退出公司，还有一种原因是遇到急事急需用钱，因此不得不以退出公司的方式来套现以达到救急的目的。虽然出现这种情况的可能性很小，但是并不排除有这样的可能性。对于这种情况，其他股东应该给予更多的理解，而不是一味地指责。在这种情况下，有关退出股东的分红比例问题，各位股东可以根据公司运营的实际情况酌情商量。

总而言之，对于一些可能发生的情况，创业者在与他人合伙之初就应该考虑到。如果创业者不能就股东中途退出这一行为制定科学、有效的制度，可以向专业人士寻求帮助。对于股东中途退出这一问题，越早制定相关对策越好，一旦发生，对公司的影响巨大。

↑ **5.1.2　合伙人被解雇退出**

合伙人在享受公司红利的同时，也需要履行相应的义务。如果合伙人做出了损害公司利益的事情，那么大股东就有权力将其解雇。因此，合伙人退出的第二种方式是被解雇退出。

从公司发展的角度来看，建立股东开除制度也是必要的。如果不能及时清除妨碍公司发展的力量，这对其他股东乃至整个公司来说都是不利的，也是不公平的。

为了保证股东解雇能够顺利进行，有必要将股东解雇这一事项写进公司章程中，包括股东解雇的条件、解雇的流程以及解雇后的处理方式等。另外，在实际解雇股东的过程中，还可以聘请专业法律人士进行指导。有了公司章程作为理论依据，以及专业法律人士的指导作为保障，股东解雇一般能顺利进行。

股东会会议不会轻易提出解雇股东。一旦股东解雇的问题在股东会会议中被提出来，就意味着问题已经到了非常严重的地步，极有可能是股东的行为已经给公司造成了严重的影响。在这种情况下，公司的经济状态以及发展状况可能都已经陷入低谷期。此时解雇股东，不会在股权份额分配上产生太大的分歧。

即使股东是因为被解雇退出公司，公司也应该合理合法地为其分配应得的股权和利益，只是被解雇的股东所应分得的股权及分红都会相应减少。当公司出现解雇股东的情况时，意味着股东的重组以及股权的重新分配。因此，在解雇股东之后，需要对公司的资产和负债进行确认和评估。

股东被解雇退出公司虽然会对公司造成一定的影响，但是从长远来看，是有利于整个公司的发展的，能够保障公司中其他股东的利益。如果遇到了股东被解雇退出的情况，创业者应该摆正心态，积极应对。

事实上，全体股东是一个整体。不论其中的哪位股东以何种方式或者何种原因离开了公司，都会对公司造成一定的影响。如果创业者要与其他人共同创立一家公司，那么创业者首先要对对方有一个清楚、准确的认识和了解。除此之外，创业者对于创立公司过程中可能出现的问题也应有一个预测，并事先制定好全面的应对措施。

5.2　设置退出细节，维护公司利益

为了避免股东退出引起公司震荡，创业者应该多关注细节。例如，在公司经营困难时限制退出；在公司处于上升期时对股权进行溢价回购；提前制定退出惩罚机制，降低公司损失；将权责明确放在第一位。

↑ 5.2.1　在公司经营困难时限制退出

公司的发展并不总是一帆风顺，偶尔也会遇到一些波折。当公司遇到波折时，合伙人可能会选择退出，以减少损失。然而，合伙人的退出并不总是对公司有益，尤其在资金方面。因此创业者应该在公司经营困难时限制合伙人退出。

例如，张某、钱某、李某三人合伙开了一家舞蹈工作室。他们各自出资 10 万元，并约定张某持股 34%，钱某和李某各持股 33%。由于关系密切，他们仅通过口头协议确定了股权分配方案，而没有制定相应的退出机制。

在开业前期，店铺租金、装修和购买服装、道具等共花费了 15 万元。然而，由于前期宣传和准备不足，招生情况并不理想。一段时间后，钱某对工作室的发展逐渐丧失了信心。

最后，钱某提出了退出。由于没有约定退出机制，张某和李某只能同意其退出，并退还其入股的 10 万元资金。然而，这导致工作室资金短缺，陷入了危机。尽管张某和李某竭尽全力维持，还是无法扭转工作室的颓势。

在上述案例中，由于三人在创业初期没有制订退出方案，钱某的退出对工作室产生了致命打击。一些合伙人因为关系亲近，在公司成立初期为了不伤害相互之间的感情，没有制定退出机制。然而，当公司出现亏损、股东之间出现分歧时，股东的突然退出很可能会给公司带来重大打击。

因此，在公司成立之前，股东之间应该针对退股、股权转让以及退股后如何分配利润等事项制定一份协议，建立成熟的合作机制。

没有人能保证公司一直稳步上升。根据政策和市场的变化发展，公司有可能盈利，但也有可能亏损。为了平稳渡过低谷期，创业者在建立退出机制时需要考虑以下两个因素。

（1）股东可以退出，但不能带走股权。在公司亏损时提出退出的股东大多没有与公司共同成长的意愿，其初期投资行为也可以视为一种投机行为。从情感角度考虑，对于这样的股东，公司也没有必要挽留。但是，为了避免公司的资金链出现问题，影响公司的存续，创业者应在退出机制中约定股东在公司亏损的状况下退出，不能带走公司的启动资金和股权。

（2）规定资金占股与参与占股分离。在公司初创时，大多数股东会选择按出资额分配股权。这种分配方式看似合理，但在公司经营过程中，人力的作用逐渐凸显，这会让一些投入较多人力的股东感到不平衡。

为了避免股东之间产生不平衡感，规定资金占股与参与占股分离是非常必要的。资金占股与参与占股的具体比例可以根据公司具体情况来确定。一般来说，资金股占比较小，人力股占比较大。这样既保证了股东在公司低谷期退出不会带走过多股权，又能激发股东的工作热情。

↑ 5.2.2 在公司处于上升期时对股权进行溢价回购

如果合伙人选择在公司处于上升期时退出，那么公司通常会对其股权进行溢价回购，以避免股权落入他人之手，从而对公司造成影响。

例如，股东在购买股权时出资 50 万元，后来因公司发展需要，公司出资 150 万元回购其股权，比股东的购买价格多出 100 万元，这便属于溢价购买。

除让股东顺利退出外，回购股权还有助于公司调整长期发展规划，实现更好的发展。同时，公司大规模地回购股权，也是公司股价被低估的一种信号。溢价回购常伴随着股份增持计划，有利于增强投资人的信心，使公司获得长足的发展。

以下是探路者股权回购方案，可以为公司溢价回购股东的股权提供参考与借鉴。

探路者股权回购方案

1. 回购股份的目的和用途

为了进一步建立健全公司长效激励机制，吸引和留住优秀人才，充分调动公司高级管理人员、核心及骨干人员的积极性，有效地将股东利益、公司利益和核心团队个人利益结合在一起，使各方更紧密地形成合力促进公司的长远发展，本次回购的股份将用作员工持股计划或股权激励计划，提请股东会会议具体授权董事会依据有关法律法规决定实施方式。

2. 回购股份的方式

通过深圳证券交易所交易系统以集中竞价交易、大宗交易或法律法规允许的其他方式回购公司股份。

3. 回购股份的价格或价格区间、定价原则

为保护投资者利益，结合近期公司股价，回购股份的价格不超过人民币6元／股。

4. 回购资金总额及资金来源

回购资金总额不超过人民币5000万元（含5000万元）且不低于3000万元（含3000万元），具体回购资金总额以回购期满时实际回购的资金为准。资金来源为自筹资金。

5. 拟回购股份的种类、数量及比例

（1）本次回购的种类为境内上市人民币普通股（A股）。

（2）在回购资金总额不超过人民币5000万元（含5000万元）且不低于3000万元（含3000万元）、回购股份价格不超过人民币6元／股的条件下，预计回购股份不超过833万股，占公司目前已发行总股本的比例约为0.93%。

具体回购股份的数量以回购期满时实际回购的股份数量为准。若公司实施派息、送股、资本公积金转增股本、股票拆细、缩股及其他等除权除息事项，自股价除权除息之日起，按照中国证监会及深圳证券交易所的相关规定做相应调整。

6. 回购股份的期限

本次回购股份的实施期限为自股东会会议审议通过本次回购股份方案之日起不超过12个月。

（1）如果触及以下条件，则回购期限提前届满。

第一，如果在此期限内回购资金使用金额达到最高限额，则回购方案实施完毕，即回购期限自该日起提前届满。

第二，公司董事会决定终止实施回购事宜，则回购期限自董事会决议生效之日起提前届满。

公司将根据股东会和董事会授权，在回购期限内根据市场情况择机做出回购决策并予以实施。

（2）公司不得在下列期间回购公司股票。

第一，公司定期报告或业绩快报公告前10个交易日内。

第二，自可能对本公司股票交易价格产生重大影响的重大事项发生之日或者在决策过程中，至依法披露后2个交易日内。

第三，中国证监会及深圳证券交易所规定的其他情形。

7. 决议的有效期

与本次回购相关的决议自公司股东会会议审议通过回购股份方案之日起12个月内有效。

在我国大力提倡健康、绿色生活方式的大环境下，探路者作为国内首家上市的户外用品公司，必然会迎来发展的提速期。探路者想要稳固行业领军者的地位，就必须适时地增强投资人的信心。

推出股权回购计划并以溢价购买的方式激励员工，无疑表明了公司对未来前景的信心以及对自身价值的高度认可。这将极大地提振投资人的信心，同时也有利于公司实现新一轮的健康持续发展。

⇡ 5.2.3　提前制定退出惩罚机制

合伙人退出会对公司产生一定的影响。因此，为了避免合伙人随意退出，创业者需要建立一套约束合伙人行为的退出惩罚机制。

为了避免股东随意中途退股给公司带来不利影响，公司在与股东签订入股合同时，可以设置一些惩罚机制，以约束股东的行为。以下是一些常见的方法，如图 5-1 所示。

图 5-1 常见的退出惩罚机制

1. 公司股权分期成熟

一些创业者在分配股权时会规定，公司的股权是分期成熟的。股东的股权会按照工作年限逐年增加。如果股东在未满年限时选择离开，公司可以按照具体工作年限计算其已经成熟的股权，并以双方之前约定的价格回购其股权。

2. 降低分红比例

股东对公司的经营所得享有分红权，这是股东的主要收入来源之一。如果公司经营状况良好，股东的分红所得将非常可观。为了对股东的退出行为进行约束，公司可以考虑降低退出者的分红比例，或者取消其分红资格。如果一家公司经营状况良好，那么无论是降低股东的分红比例还是取消其分红资格，都会对股东的经济利益产生重大影响。相信在经济利益的驱使下，降低分红比例可以对股东的退出行为起到一定的约束作用。

3. 按原股价回购

当股东退出公司时，他们可以带走自己在公司中享有的股权。此时，公司中的其他股东可以通过股权回购的方式，收回退出者手中的股权，防止外部势力介入公司。

为了约束股东的退出行为，全体股东可以事先制定按原价回购退出者股权的条款。随着公司经营时间的增加，这一规定对退出者利益的影响将更加明显。

4. 违反规定须赔偿高额违约金

最常见的退出惩罚机制是在入股合约中设置高额的违约赔偿金，而且赔偿金的数额越大，对股东的约束力越强。当然，赔偿金也不能因此设置成"天价"，这样对小股东是不公平的。最合适的价格应略高于股东退出给公司带来的损失，这样既能保护其他股东的权益，又能让退出股东有所损失但不至于无法接受。

需要注意的是，惩罚机制应当适用于所有股东，而不是只针对部分股东，否则它就违反了公平性，反而不能起到约束股东的作用。这样也不利于团队建立信任感，会严重影响股东之间的合作，从而阻碍公司的发展。

综上所述，在公司未出现问题的情况下，依照相关法律规定，股东不能在合约未到期时申请退股，只能合法转让或向公司申请回购其股权，这是对其他股东利益的保护。

同样地，当公司经营不善、出现法定退股情形时，股东可以申请退股，甚至向法院提起诉讼，这是对股东个人权益的保护。在公司清算结束后，股东要对相应的债务负责，这可以避免股东躲避债务、不履行责任。

公司制定股东退出惩罚机制是对公司和股东的双向约束，既不能让大股东压榨小股东，也不能让公司因股东的退出而受到严重影响。

5.2.4　明确权责，保证公平公正

在制定公司章程时，创业者应当确保合伙人的权责明晰，并保证合伙人拥有顺畅的退出通道，否则很容易引发矛盾。公司应当建立公平公正的退出机制，明确股东的权责，保证股东能够顺利退出。

1. 建立准许股东退出机制

（1）规定当某一股东把持公司、损害其他股东正常权益时，其他股东可以申请退出公司，退出前须清算其权益。

（2）规定当某一股东与其他股东发生不可调和的矛盾、无法继续经营公司时，该股东可以申请退出公司，其股权由其他股东收购。

（3）规定当公司连续两个财务年度利润收益不达标时，任何拥有10% 以上股权的股东都可以提出解散公司，公司需依法进行清算。

2. 建立限制股东退出机制

（1）当公司不能清偿债务时，退股股东也要承担部分清偿责任。

（2）公司收购价格不能超过公司的净资产，以免损害债权人的利益。

（3）股东退股应当告知公司债权人，若债权人不同意股东退股，公司须清偿债权人债务，然后再继续进行退股工作。

为了无争议地解决股东退出问题，公司需要制定双向约束机制。公司应秉持公平合理的原则，在股东可以申请退出的条件下承认其对公司的贡献，以合理价格回购其股权。但股东也不能利用退股逃避应尽的责任与义务。

股权激励篇

打造盟友型利益共同体

第6章

股权激励作用：维持公司的长期战略

　　股权激励是一种常见的激励方式，可视为公司的长期战略。公司可以利用股权激励来激励员工、留住人才。

6.1 为什么要进行股权激励

股权激励是指公司给予表现突出的员工部分股权作为奖励。初创公司往往面临资金不足的问题，可能会导致人员流失，因此公司可以利用股权激励的方式激励员工、留住人才。

⬆ 6.1.1 股权激励的本质

作为一种有效的人才留用方式，股权激励在许多公司中得到了应用。然而，能够合理利用股权实现激励效果的公司并不多，这是由于它们对股权激励缺乏深入了解。下面将从两个方面说明股权激励的本质。

1. 股权激励分的是增量而非存量

对于股权激励，许多创业者都会陷入一个误区，认为股权激励是将自己的股权分给优秀的员工，即分的是存量。许多不了解股权激励的创业者认为，如果实行了股权激励，他们就会损失很多既得利益。例如，一些创业者认为，如果他们拥有 100% 的股权，所有盈利都会进入自己的口袋。但如果把一部分股权分给员工，创业者获得的盈利就会比之前少很多。然而，这种想法其实是有误的。

实际上，股权激励分的不是存量，而是增量。例如，公司原本可以获得 100 万元的盈利，如果员工通过努力工作使得盈利增加到 200

万元，那么拿出 30 万元分给员工有何不可呢？股权激励是通过激励员工努力工作，从而提升业绩，再将增加的一部分盈利拿出来分给员工。

从本质上讲，股权激励意味着公司的成长和发展。只有当公司获得更丰厚的盈利时，员工才能分得股权。

2. 有利于打造利益共同体

在使用其他激励方式时，公司未来的利益和发展与员工的利益关系并不大，因为他们分享的仍然是现有利益。然而，股权激励将员工的利益与公司的利益紧密地绑定在一起。

当员工获得股权并成为股东后，公司的发展与他们的利益就有了更紧密的联系，并在很大程度上决定了他们未来的收入。因此，股权激励使员工和公司成为真正的利益共同体。

对于员工来说，股权就像一条纽带，将他们的利益与公司的利益紧密地捆绑在一起。这有利于激发员工积极地、自觉地为实现公司既定目标而努力工作，从而有助于公司充分挖掘人力资本的潜在价值。这样能够最大限度地提升管理效率和运营效率。

↑ 6.1.2　以股权弥补工资差异

如果公司无法仅依靠工资吸引人才，可以尝试用股权来吸引并留住人才，通过股权激励可将员工的利益与公司的发展挂钩。这样为了实现自身利益最大化，员工会更加努力地工作。

以地质行业为例，由于该行业的大多数从业者都在野外工作，因此公司管理会遇到一些难题，如员工队伍不稳定。随着时代发展和社会进步，地质行业员工的经济意识逐渐增强。传统的管理制度已不再适用，新的管理制度应运而生。例如，某地质勘探公司为了加强员工管理，引入了股权激励机制。经过一段时间的实践，员工的离职率和公司的管理成本都降低了许多。不仅如此，在实行股权激励5年后，该地质勘探公司还实现了规模扩张，并建立了一支骨干队伍。其在团队管理方面也积累了独特经验，为以后的长期稳定健康发展奠定了基础。

我们从上述案例可以看出，作为一种激励手段，股权激励将公司的前景和员工的利益紧密地绑定在一起，促使员工更加自觉地工作，从而降低公司的管理成本。

中小型公司的现金流非常有限，难以提供较高的薪酬来留住员工，因此员工的流失率通常较高。如果利用股权激励的方式，公司不仅不需要以高薪酬为手段来留住员工，还能激发员工自愿释放自己的潜力，为公司作出更大贡献。

↑ 6.1.3　针对不同的员工采取不同的激励方式

股权激励的主要目的是激励。为了达到这一目的，公司需要有针对性地进行激励，对不同层级的员工采取不同的激励方式，如图6-1所示。

基层员工
底薪+绩效提成

中层员工
基本薪资+利润分红

高管、核心人才
基本薪资+股权

图6-1　不同层级的员工适用不同的激励方式

对于基层员工，采用"底薪＋绩效提成"的方式，可以激励他们实现业绩目标，为公司创造更多价值。

对于中层员工，除基本薪酬外，公司还可以给予他们利润与项目分红奖励。

高管和核心人才通常参与公司经营，除基本薪资外，他们还可以获得增值利润的分红奖励，并有机会通过实现盈利目标获得股权。

公司应对不同层级员工实行不同的激励方式，以最大化激励效果，使公司上下形成相互依存、目标一致的合作关系，推动公司实现利润增长。

6.2　如何用股权留住人才

人才对公司的发展至关重要。为了留住人才，许多公司采用了股权激励的方式。为了使股权激励发挥作用，公司需要遵守利用股权激励留人的三大原则，并选择有吸引力的股权激励方式。

6.2.1　利用股权激励留人的三大原则

公司制定一套科学、系统、行之有效的股权激励方案需要遵守三大原则，如图 6-2 所示。

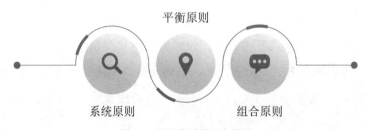

图 6-2　股权激励的三大原则

1. 系统原则

无论公司采取何种激励手段，都应与公司的整体战略和其他激励制度相匹配，形成一个完整的激励体系。股权激励与公司的治理结构和资本运作密切相关，而不仅仅是一种激励手段，因此遵守系统原则非常重要。此外，股权激励本身也是一个独立、完整的机制，其内部具有系统性，也是系统原则的体现。

2.平衡原则

平衡原则是指在应用股权激励时要把握好尺度，平衡好各方面的关系。例如，长期发展和短期利益的平衡、员工与团队的平衡、风险与回报的平衡等。只有遵循平衡原则，才能确保股权激励的有效性，并避免产生负面影响。

3.组合原则

股权激励实际上是一个统称，包括多种激励工具，公司可以根据实际情况灵活组合这些激励工具。另外，不同的激励工具有着不同的应用特点和激励效果，只有组合起来才能实现激励效果的最大化。

随着人力资本逐渐成为现代公司的最大资本，使用合适的激励手段来留住人才也就成了重中之重。在具体操作时，只有掌握上述三个原则，才能更有效地发挥股权激励留住人才的作用。

↑ 6.2.2　选择有吸引力的股权激励方式

股权激励的方式多种多样，公司应该从自身情况出发，选择有吸引力的股权激励方式。一般而言，公司会从自身所处的发展阶段出发，选择合适的股权激励方式。公司经历的阶段主要有四个，如图 6-3 所示。

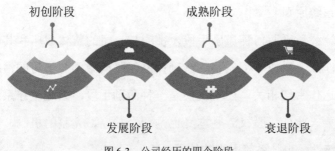

图 6-3　公司经历的四个阶段

　　上述四个阶段对应着不同的特点和战略规划，所适用的股权激励方式也有很大不同，具体如下所述。

1. 初创阶段

　　公司处于初创阶段时，往往存在资金、人才短缺的问题，而且管理体制不够规范和完整，因此过于复杂的股权激励方式并不适用。为了使股权激励方式起到保留骨干人才的作用，初创公司可以采用一些不需要激励对象出资但确实有一定吸引力的股权激励方式，如技术入股。

2. 发展阶段

　　处于发展阶段的公司具有销售额增长迅速的特点，为了维持这种特点，必须逐步建立起完善的管理制度。另外，在发展阶段实行股权激励往往会得到绝大多数员工的支持和认可，因此公司应加大力度，采取认股权、虚拟股权等方式。

3. 成熟阶段

　　当公司进入成熟阶段后，客户群体和盈利基本趋于稳定，但是市场增长缓慢，竞争日趋激烈。此时，公司的工作重点为降低成本。认股权、延期支付等股权激励方式不会给公司带来太大的成本负担，比较适合处于成熟阶段的公司使用。

4. 衰退阶段

　　处于衰退阶段的公司面临着利润明显下滑的困境，人才流失的问题凸显。为了留住关键人才，鼓励创新和转型，处于衰退阶段的公司可以选择岗位分红权的股权激励方式，引领二次创业。

第 **7** 章

股权激励规划：股权归属与比例

公司实施股权激励需要进行精心设计。在实施股权激励之前，创业者需要了解股权激励的基础问题、工具和如何制定股权激励方案，以明确股权的归属和比例。

7.1 股权激励基础问题

股权激励主要包含三大基础问题：一是抓住股权激励的重点；二是选择合适的股权激励模型；三是规避股权激励的陷阱。创业者需要了解这些基础问题，以制订合理的股权激励计划。

↑ 7.1.1 抓住股权激励的重点

每家公司所处的行业、发展阶段和业务模式等各不相同，因此不能简单照搬其他公司的股权激励模式。公司应从股权激励的以下四个重点出发，并根据自身情况进行调整，制订相应的计划。

1. 约束机制

员工可能不会永久在公司工作，因此直接给予员工股权对公司来说存在一定风险。为了避免这种风险，公司必须设定一定的条件，形成完善的约束机制。

常见的约束机制是：在进行股权激励时，公司与员工在协议中约定一个期限。如果员工在约定期限内与公司终止劳动关系，就必须按照股权激励协议中约定的回购价格，将已获得的股权转让给公司。

2. 税务问题

税务是实施股权激励时需要考虑的重要因素。在股权行权或转让时，员工需要承担税费。在与员工沟通股权激励方案时，创业者有必要向员工介绍税务成本，以防止员工的心理预期与实际承担的成本出现显著差异，从而影响股权激励的效果。下面针对两种类型的公司分别进行说明。

（1）非上市公司。根据《关于完善股权激励和技术入股有关所得税政策的通知》（财税〔2016〕101号）中的相关规定，"非上市公司授予本公司员工的股票期权、股权期权、限制性股票和股权奖励，符合条件的，经向主管税务机关备案，可实行递延纳税政策，即员工在取得股权激励时可暂不纳税，递延至转让该股权时纳税；股权转让时，按照股权转让收入减除股权取得成本以及合理税费后的差额，适用'财产转让所得'项目，按照20%的税率计算缴纳个人所得税"。

如果不符合递延纳税条件，员工应在股票期权行权时、限制性股票解禁时或者获得股权奖励时先按"工资、薪金所得"缴税，计算公式为：应纳税额＝股权激励收入×适用税率－速算扣除数。转让股权时再按"财产转让所得"缴税。

（2）上市公司。根据（财税〔2016〕101号）等相关规定，上市公司（含境内、外上市公司）实施限制性股票、股票期权、股票增值权和股权奖励的，员工应按照综合所得税率表"工资、薪金所得"项目缴税，并按照《关于个人所得税法修改后有关优惠政策衔接问题的通知》（财税〔2018〕164号）第二条规定扣缴其个人所得税。

3. 优先认购权

如果激励对象符合股权激励协议约定的条件，那么他们有权按照事先约定的价格和份额，优先于第三方取得公司股权。

4. 业绩情况

股权激励可以和业绩情况相结合，如果业绩不达标，未能满足股权激励协议约定的条件，那么员工不能获得股权。对于激励对象而言，业绩达标能取得公司股权，激励效果明显。对于公司而言，通过制定严格的业绩考核目标，既达到了股权激励的目的，又控制了风险。

↑ 7.1.2 选择合适的股权激励模型

对于公司的长期发展而言，选择一个合适的股权激励模型是至关重要的。股权激励模型主要有三种，分别是员工直接持股型、有限公司持股型和有限合伙企业持股型。

1. 员工直接持股型

员工直接持股型是指将员工登记为公司的股东。这种模型中员工直接持有股权，能够获得最大的利益。然而，对于公司而言，这种模型可能会引发一些管理上的问题。一旦员工离职，这部分股权的处理将有很大的不可控性，会对公司的团队稳定性产生负面影响。因此，许多公司不会选择这种模型进行股权激励。

2. 有限公司持股型

有限公司持股型是指创业者和被激励员工共同出资组建的公司，作为持股平台持有母公司的股权，从而使被激励员工间接持有母公司的股权。在2013年《公司法》修改后，公司的注册资本没有最低限制，因此成立有限公司的成本较低，员工只需投入很少一部分资金。

3. 有限合伙企业持股型

在该模型下，合伙人分为普通合伙人和有限合伙人。普通合伙人是母公司的创始人或指定人员，拥有管理职能和控制权。有限合伙人是公司的激励对象，不参与公司管理，只享有股权的经济收益。

除了员工直接持股型，其他两种模型都是通过持股平台实现激励对象的间接持股。公司通过持股平台对员工进行股权激励有利于公司未来的发展。如果直接让员工持股，当公司进行大规模股权激励时，如对 100 名员工同时进行股权激励，就会增加大量的股东，这会导致公司决策效率降低，同时降低公司对投资人的吸引力。

此外，公司的直接持股人数量有限制。《公司法》第四十二条规定："有限责任公司由一个以上五十个以下股东出资设立。"为了避免限制，公司可以以持股平台的方式授予员工股权，对员工进行激励。

⇡ 7.1.3 规避股权激励的陷阱

股权激励是一把双刃剑，使用得当能够激发员工的工作积极性，反之，则可能消耗员工的活力。因此，公司应当选择合适的股权激励模型，并规避以下三个误区，如图 7-1 所示。

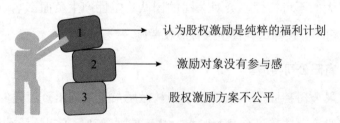

图 7-1 股权激励的三个误区

很多创业者认为，只要选对了股权激励模型，就能确保效果。这种观点其实是失之偏颇的，它忽略了最重要的问题：什么是正确的模型？更为准确的说法是："有效的股权激励模型才是正确的。"那么，什么样的股权激励模型才是有效的呢？对于不同的公司来说，这个问题的答案不尽相同，但也有一些共通之处，那就是要避免陷入以下三个误区。

1. 认为股权激励是纯粹的福利计划

在谈论股权激励时，我们经常会听到"上市""融资"等词语，这些都是从公司收益的角度出发来谈论的。然而，股权激励并不一定直接给公司带来收益。

认为股权激励是纯粹的福利计划是常见的误区之一。从初创公司和成熟公司的角度来看，股权激励应分为"历史贡献"与"岗位价值"两个部分。前者是对员工已作出贡献的奖励，后者则是对员工未来对公司作出贡献的激励。

股权激励的重点应放在"岗位价值"部分，其占比通常不应低于70%。因此，股权激励绝不是单纯的福利计划。

2. 激励对象没有参与感

一些公司，尤其是初创公司在实施股权激励时，仅仅进行了简单的股权分配，而未向员工充分说明公司未来的发展前景。这可能会导致员工对创业者的创业梦想缺乏认同感，从而导致缺乏参与感和激情。

股权激励应当是双向选择的过程，除了帮助创业者挑选出具有共同事业梦想的员工并肩作战，还应让员工从股权激励中获得更多回报，从而更加投入地工作并获得归属感。

3. 股权激励方案不公平

"一千个读者眼中有一千个哈姆雷特"，这句话同样适用于评估公司价值。不同的员工对公司价值的评估不同，为公司作出的贡献也不尽相同。这导致股权激励很难做到绝对的公平。久而久之，部分员工认为股权激励不公平，感觉自己受了委屈，那么这种情况就需要引起注意了。

为了避免这种情况的发生，公司要从两个方面着手：首先，公司要确保程序的公平性，避免人为因素导致股权激励不公平；其次，公司要向员工阐明股权激励是一个长期、循环的机制，只要员工为公司贡献了价值，就能获得相应的股权。

总的来说，股权激励之所以未能得到有效执行，很大程度上是因为员工和公司在认知上存在偏差。要想解决这一问题，双方必须进行充分的沟通，共同探讨公司的未来发展，并最终达成一致意见。

7.2 股权激励工具

作为留住人才的有效手段，股权激励有多种常见的工具可供选择。公司可以根据自身情况选择合适的股权激励工具，以实现激励效果的最大化和公司的快速发展。

↑ 7.2.1 盘点：8 种股权激励常用工具

公司可以根据自身情况选择合适的激励工具，以实现突破。常用的股权激励工具主要有以下 8 种，合理运用这些工具可以达到事半功倍的效果。

1. 分红型虚拟股权

分红型虚拟股权是指通过虚拟记账的方式授予员工一定数量的虚拟股权。员工获得虚拟股权后，可以按照数量享有相应的税后利润分配权，但不享有表决权等其他股东权利。

2. 延期支付

延期支付的核心是推迟支付员工综合薪酬中的一部分现金，将其转化为股权。在规定期限届满后，员工可以在市场上出售这部分股权进行变现。

3. 业绩股票

业绩股票类似于"绩效考核＋对赌条款"。这种工具适用于房地产公司。例如，在楼盘建设初期设定合理的业绩目标，如果员工在规定时间内实现了业绩目标，就可以获得一定数量的股票。

4. 业绩单位

业绩单位与业绩股票类似，只是价值支付方式不同。员工达成业绩目标后得到的是现金，而不是股票。

5. 限制性股权

限制性股权是指公司事先授予员工一定数量的股权，但同时对股权的来源、转让、出售等方面进行一定的限制。例如，完成公司规定的任务后，员工才能出售股权并从中获益。

6. 员工持股计划

对于表现优秀的员工，公司可以让他们出资认购部分股权，享受公司发展带来的红利。员工持股计划的形式多样，如直接持股、委托某股东代持股、加入持股平台等。

7. 股票期权

股票期权是公司在上市前对一些元老级员工进行奖励时使用的工具。这些员工可以在规定期限内以事先约定的内部价格购买一定数量的公司流通股票，上市后卖出股票相当于获得一笔丰厚的奖励资金。

8. 储蓄－股票参与计划

储蓄－股票参与计划是指公司允许员工预先将一定比例的薪酬存入专门的储蓄账户，并将其折算成相应数量的股票。然后计算此部分股票的价值，公司将向员工补贴购买价和市场价之间的差额。

↑ 7.2.2　选择：合适的股权激励工具

选择股权激励工具没有固定的方法，要和公司的发展情况、激励目标和激励对象等相符合。因此，公司应该从实用性出发，结合自身实际情况选择合适的激励工具。

选择股权激励工具要以激励对象为基础。如果激励对象是管理者，那么股权激励工具应该偏向于分红型虚拟股权和限制性股权，这样可以达到正面激励和反面约束的双重效果。如果激励对象是普通员工，那么适合选择员工持股计划。当普通员工拥有一部分股权时，他们将成为公司的股东，与公司成为利益共同体。这样普通员工的主人翁意识更强，能够为公司的发展努力奋斗，获得更多收益。

不同的激励工具有不同的适用对象和使用环境，在选择时一定要注意实际情况。另外，股权激励工具也不应该一成不变，而是要在实践中不断调整和创新。

7.3　股权激励方案设计步骤

股权激励方案设计主要分为 7 个步骤，分别是定对象、定模式、定来源、定份额、定价格、定周期、定条件和退出机制。

↑ 7.3.1　定对象：确定被激励者

并不是每位员工都能获得股权，公司需要明确激励范围，选择对公司有价值和贡献的员工进行激励。明确激励范围也便于公司确定激励方式。员工是激励的对象，由于对象不同，激励的方式也有差异。如果公司无法确定激励对象，那么股权激励便无法推进，也就失去了实际意义。

《上市公司股权激励管理办法》第八条第一款规定："激励对象可以包括上市公司的董事、高级管理人员、核心技术人员或者核心业务人员，以及公司认为应当激励的对公司经营业绩和未来发展有直接影响的其他员工，但不应当包括独立董事和监事。外籍员工任职上市公司董事、高级管理人员、核心技术人员或者核心业务人员的，可以成为激励对象。"

由此看来，董事长、管理者、核心员工以及对公司发展有直接影响的其他员工，都可以成为激励对象，但独立董事和监事不能成为激励对象。

在确定了激励对象后，股权激励方案才能更具针对性，从而顺利进行下一步操作。

↑ 7.3.2 定模式：结合自身发展情况

股权激励模式众多，创业者应根据公司的发展阶段选择合适的模式。股权激励模式是整个股权激励方案的核心，它关系到最终的激励效果，因此创业者必须予以高度重视。

以华为为例，其制定了适合自己的股权激励模式。华为的股权激励始于 1990 年，最初是为了通过内部集资来解决资金困难的问题。

在第一阶段（1990—1996 年），华为参照《深圳市国有企业内部员工持股试点暂行规定》，将当时记录在册的 2432 名员工的股权全部转到公司工会的名下。随后，随着华为盈利的持续增长，资金困难问题得到了解决。

在第二阶段（1997—2001 年），华为的发展更为稳定和迅速，这主要得益于股权激励为其吸引了许多优秀员工，形成了强大的人才磁场。

第三阶段（2002 年至今），华为的股权激励方案逐步规范化、系统化，并从普惠激励转向重点激励。例如，股权向核心员工倾斜、新增股权配发速度放缓等。

我们通过华为的案例可以明确，股权激励计划的制订与公司的发展和战略息息相关。因此，创业者要想选择适合自己公司的发展道路，必须结合公司的实际情况来确定股权激励模式。

↑ 7.3.3　定来源：确定股权、购股资金来源

股权激励方案设计的第三步是确定资金来源。这一步骤主要涉及两个方面：用于激励的股权的来源和购股资金的来源。

1. 用于激励的股权的来源

一般来说，用于激励的股权主要有四个来源：预留股权、原股东转让股权、增资扩股和股权回购。

（1）预留股权。在公司成立初期，创业者可能会预留一部分股权用于实施股权激励。这一部分预留股权可以由创业者直接持有或者由有限合伙企业间接持有。

（2）原股东转让股权。根据《公司法》第八十四条第二款的规定，原股东可以出让股权，这一部分股权可以用于股权激励。

（3）增资扩股。公司可以通过增发股份的方式进行股权激励。增资扩股时，公司通常会在价格上给予被激励对象一定的优惠，以减轻他们的经济压力。这种方式能有效增加公司的注册资本，但也可能会导致原股东的持股比例被稀释。

（4）股权回购。公司可以对股东的部分股权进行回购，并将这部分股权用于激励员工。

2. 购股资金的来源

购股资金主要来源于以下三个方面。

（1）激励对象自筹。激励对象自筹是大多数公司使用的方法。一般来说，激励对象只需要自筹部分资金，公司会在当期的超额净利润中提取其余的资金。

（2）提取各类奖励。在股东会同意的情况下，公司可以从净利润

中提取一部分奖励作为购股资金的来源。

（3）寻求信托机构的帮助。购股资金的来源还可以通过信托机构来解决，主要方式有以下两种。

①公司把部分资金委托给信托机构，成为信托机构的委托人及受益人。信托机构再将这部分资金贷给激励对象，激励对象可用其购买公司股票。

②公司将资金委托给信托机构，并设定公司与激励对象为共同受益人。信托机构根据公司的指定将资金专门用于购买股权，使激励对象成为名义上的股东。

在扣除约定好的相关费用和报酬后，信托机构将股东收益按比例分别支付给公司和激励对象。

如果股权和购股资金来源的问题不能妥善解决，股权激励就难以实施。在确定股权和购股资金的来源时，公司要充分考虑现金流和员工的收入情况。

↑ 7.3.4　定份额：确定合适的激励股票数量

股权激励方案设计的第四步是定份额。创业者应根据公司现阶段以及未来的发展状况，确定合适的激励股票数量。

《上市公司股权激励管理办法》第十四条第二款规定："上市公司全部在有效期内的股权激励计划所涉及的标的股票总数累计不得超过公司股本总额的10%。非经股东大会特别决议批准，任何一名激励对象通过全部在有效期内的股权激励计划获授的本公司股票，累计不得超过公司股本总额的1%。"

除此以外，在确定股票份额时，公司的规模和盈利能力也是重要的参考因素。如果公司规模较大或盈利较多，就可以适当提高股票份额，保证员工获得足够的回报，从而达到激励的效果。

↑ 7.3.5　定价格：确定股票价格

股权激励方案设计的第五步是定价格，即确定用于股权激励的股票的价格。

《上市公司股权激励管理办法》第二十九条对上市公司的股票行权价格做出了明确规定：

"上市公司在授予激励对象股票期权时，应当确定行权价格或者行权价格的确定方法。行权价格不得低于股票票面金额，且原则上不得低于下列价格较高者：

（一）股权激励计划草案公布前1个交易日的公司股票交易均价；

（二）股权激励计划草案公布前20个交易日、60个交易日或者120个交易日的公司股票交易均价之一。

上市公司采用其他方法确定行权价格的，应当在股权激励计划中对定价依据及定价方式作出说明。"

对于非上市公司来说，由于缺乏相应的股票交易价格作为参考，确定行权价格的难度相对较大。在设计股权激励方案时，通常可以采用四种方法来确定行权价格。

第一种方法是以注册资本金为标准。这种方法适用于注册资本与净资产相差不大的情形。

第二种方法是以净资产的价格为标准。对每股净资产进行评估，以评估的最终结果作为行权价格。

第三种方法是在注册资本金或净资产的基础上进行一定的折扣。这种方法力度较大，因此需要在考虑公司实际经营情况的基础上，选择适当的折扣来确定行权价格。

第四种方法是以上市公司为参考。这种方法对于非上市的高科技行业公司特别有效，有助于确定股票价格。

7.3.6　定周期：选择合适的激励周期

股权激励方案设计的第六步是确定激励周期，即选择合适的激励周期。如果激励周期过短，则可能无法实现长期激励效果；如果激励周期过长，可能会降低对员工的吸引力。因此，在确定股权激励计划的实施周期时，创业者可以从以下三个方面入手，如图 7-2 所示。

公司的战略规划

员工的心理预期

工作性质

图 7-2　从三方面入手确定股权激励计划的实施周期

1. 公司的战略规划

股权激励是实现公司战略规划的重要手段，因此股权激励计划的实施周期必须与公司的战略规划相匹配。例如，公司的战略规划以 5 年为一个周期，那么股权激励计划的周期应该在 5 年以上，以确保所有股东的贡献都能得到充分体现。

2. 员工的心理预期

在确定激励周期时，还需要考虑员工的心理预期。如果周期过长，激励效果可能会逐渐减弱，容易导致员工产生不满情绪；而周期过短则可能会导致员工出现短视行为，给公司带来不利影响。因此，在确定激励周期时，创业者需要准确把握员工的心理预期，以确保股权激励计划能够达到激励员工长期为公司工作的目的。

3. 工作性质

工作性质也是确定激励周期时需要考虑的因素之一。为了实现公司的长期发展，创业者需要重视对未来发展有益的工作岗位。这些岗位的工作成果往往在短期内无法体现出来，因此需要实施较长的激励周期。

同时，公司应该设立激励约束机制，以便在对员工进行激励的同时附加一定的约束条件。例如，员工在激励周期内想要离开公司，可能会因为不能获得预期的收益而犹豫，从而打消离职的念头。

总之，确定好股权激励的周期是一件非常重要的事情。只有分阶段进行，股权激励才能产生长期的效果。

↑ 7.3.7　定条件和退出机制：约定行权条件和退出机制

股权激励方案设计的第七步是约定行权条件和退出机制。行权条件是指员工在行权时需要满足的条件，主要反映在员工的业绩上。只有达到了一定的业绩标准，员工才能行使相应的权利。在确定行权条件时，大多数公司会以自身历史水平为基准进行评估。

在公司发展过程中，员工离职的情况时有发生。为了保护公司的利益和其他员工的权益，公司应该制定合适的退出机制。退出机制包括退出方式和股权回收办法。

员工退出的方式通常有两种：过错性退出和非过错性退出。详细情况如表 7-1 所示。

表 7-1　过错性退出与非过错性退出

退出方式	过错性退出	非过错性退出
详细情况	（1）员工严重违反公司制度，对公司造成严重损害 （2）员工在规定的股权激励期限内离职 （3）员工擅自处理已经获得的股权或期权	（1）员工的业绩不能达到预期目标 （2）员工未在行权期限内行权 （3）员工在规定的股权激励期限届满之后离职 （4）员工达到法定退休年龄、死亡或失踪

股权回收办法也是退出机制的一部分。通常来说，股权回收办法有三种：强制回购、协议回购和员工转让。其中，协议回购是最常用的方式，即公司支付一定的金额向员工购买其已经获得的所有股权。

由于实际情况具有复杂性和多变性，创业者在设计股权激励方案时需要充分考虑多个方面，并尽量符合员工的期望和想法。因此，股权激励方案不能直接复制其他公司的成功经验，而是要结合公司的特点进行适当的借鉴和调整。

第 **8** 章

股权激励落地：以有效的激励方案激发员工活力

股权激励是否有效，需要通过落地进行验证。在推行股权激励的过程中，公司可能会遇到各种问题。为了实现有效的激励，公司需要积极解决这些问题并采取多种措施推动股权激励的落地。

8.1 推行股权激励的阻碍

虽然创业者会尽量制订完善的股权激励计划，但在实践中仍有许多阻碍。创业者应了解以下潜在问题，避免股权激励方案落地时遇到重重阻碍。

⇧ 8.1.1 负责人行动力不足

即使股权激励计划非常完善，如果负责人缺乏强大的执行力，计划仍可能失败。例如，广东一家互联网公司的负责人张某对股权激励有所了解，但 3 年过去了，他一直未付诸实践，主要原因如下。

（1）张某担心实施股权激励后，公司的利润需要向股东公开，可能会导致客户"杀价"。

（2）他担心部分股东在获得股权后可能会选择"躺平"，进而影响公司发展。

（3）其他两位仅投资不参与管理的股东不愿出让部分股权用于股权激励，而张某也不愿独自承担全部股权份额。

这些担忧使张某一直未下定决心实施股权激励。随着时间的推移，公司的利润增长逐渐放缓，张某对公司的未来更加担忧。

看到竞争对手实施股权激励后业绩大涨，张某心生羡慕。在咨询相关专业人士后，他设计出一份适合自己公司的股权激励方案。尽管在此过程中遇到一些挫折，但他决心将计划落实到位。员工感受到他的诚意后，工作热情高涨，对公司的未来充满信心。

年终业绩总结时，张某惊喜地发现公司业绩与上年相比增长了10%，创造了公司稳定期后的新高。其他两名股东看到效果后，决定参与股权激励，出让部分股权。最终，在张某的努力下，公司的股权激励计划得到了支持和认可。

这个案例告诉我们，只要负责人下定决心实施股权激励并持之以恒，不因小挫折而放弃，计划就能顺利推行。负责人的决策和行动对整个公司的发展至关重要。

总之，一旦负责人决定实施股权激励就应坚持到底。股权激励是一个长期计划，半途而废可能会给公司带来不利影响。像张某一样，坚定信念并采取行动是实现有效激励的关键。

↑ 8.1.2　未形成长久的股权激励

公司应将股权激励视为一种长期激励机制，而非短期手段。如果未制订持久有效的股权激励计划，可能会出现推动力不足的情况，导致股权激励失败或效果减弱。

例如，深圳有一家家居建材公司，为了扩大市场份额、激发销售人员的积极性和热情，公司针对销售部门实施了股权激励。在此策略下，销售人员为了获得更多股权份额，工作动力更足，都努力地向客户推销产品。

然而，实施股权激励后，前两年该公司的业绩增长迅速，但两年后，销售部门的后劲明显不足，销售人员因股权份额减少而心生抱怨，公司的发展一度陷入困境。

在这个案例中，公司选择以业绩作为股权份额分配的唯一标准，销售人员为了获得更多回报努力挖掘市场。然而，一旦没有客户，公司就会减少其股权份额。这不仅会引发销售人员的不满，还打击了他们的工作积极性。

实际上，股权份额的分配不应仅依据业绩这一单一指标进行。这容易导致激励不当，具体有两种表现：激励过度和激励不足。

在上述案例中，前期销售人员努力挖掘客户是激励过度所致。到了后期，销售人员的业绩下滑，股权份额减少，出现了激励不足的现象。销售人员失去动力，从而导致了恶性循环。

为避免激励不当的现象出现，最重要的是将股权激励转变为激励奋斗型员工。因为奋斗型员工的目标与公司的成长目标一致，不追求短期利益，致力于公司的长期发展。

为确保股权激励能激发员工向奋斗型员工转变，公司需打造利益共同体，将员工的个人成长与公司发展紧密相连；同时，建立良好的企业文化和明确的职业发展通道，为员工提供更多培训和学习机会，以促进其个人成长和职业发展。

↑ 8.1.3　新老人才之间产生矛盾

在公司成长的过程中，引进新人才是必然的，但这可能会导致新老人才之间出现矛盾。公司需要明确对双方实行股权激励的目的，并缓和二者的矛盾。

对创业元老进行股权激励，是对他们已作出贡献的认可，可避免他们对公司产生不信任感；对引进的新人才进行股权激励，则能增强他们的归属感。

在引进人才时，创业者往往会承诺给予他们极好的待遇，但该待遇可能是创业元老未曾享有的。这可能会导致创业元老认为"新人是来抢饭碗的"，从而引发公司内部矛盾。那么，在实施股权激励时，创业者应该如何平衡新老人才的关系呢？让我们通过一个案例来探讨。

上海有一家高科技公司，为了提高技术水平，决定引进一名海归博士王某。总经理范某发现王某不仅专业知识扎实，而且团队管理经验丰富，完全能胜任技术部门经理的职位。技术部门经理刘某是范某的大学同学，两人一同创业。

若因新来的王某而对刘某进行降职处理，可能会伤害刘某的感情，并对其他员工产生负面影响。但如果不给予王某适当的职位，公司的引才目的便无法达到，王某也可能因感觉不受重视而不愿入职。这使范某在制订股权激励方案时陷入困境。

经过深思熟虑，范某决定首先与公司的创业元老沟通，表明公司对人才的渴求，并获得了他们的支持。然后他要求各位创业元老转让一部分股权，作为激励新人才的股权来源。范某以身作则，率先转让了5%的股权，其他创业元老也纷纷效仿。接着他向王某表明公司的诚意，承诺只要他取得一定成绩，就会得到相应的回报。在此之前，王某只能暂任技术部门的副经理。对于此安排，王某欣然接受。

在和王某的合作中，刘某逐渐意识到自己在知识和观念上的不足。王某为了证明自己的价值，勤奋工作，虚心向刘某请教。

经过双方的共同努力，技术部门的业绩大幅提升。王某如愿获得了部分股权，刘某也因王某的加入获得了更多的股权分红，于是他心甘情愿地让出位置，专注于管理公司事务。

这个案例表明了在实施股权激励时平衡新老人才关系的重要性。在处理新老人才之间的关系时，公司负责人的作用尤为关键。正是由于范某妥善处理了双方的关系，股权激励方案才取得了良好的效果。

任何一家公司都需要不断引进新人才以保持领先地位。新人才为公司带来新的技术、理念、管理方式甚至文化元素，但同时也可能引发新旧观念的冲突。新人才是公司的希望，而元老则是公司过去辉煌的代表，这两方构成了不同的利益群体，确保二者的平衡是公司在实施股权激励时必须面对和解决的问题。

8.2　因人制宜：推动股权激励落地

根据员工的不同情况，公司可以采取五种方法推动股权激励落地，分别是在职分红激励法、超额利润激励法、延期支付激励法、"金色降落伞"激励法和"135"渐进式激励法。

⇧ 8.2.1　在职分红激励法

在职分红激励法主要针对的是公司内部的核心管理人员、技术骨干等在职员工。然而，这种方法仅适用于在岗在职的员工，当员工因各种原因不在岗位或职位时，奖励将会相应地改变或取消。

基于在职分红激励法，员工通常只享有股权的分红权，而不享有投票权、继承权和所有权，也没有相应的管理权和控制权。这意味着在职分红本质上是一种虚拟股权。

以一家注册资本为 50 万元、盈利为 200 万元的公司为例，假设原始股权为 100 万股，全部属于注册股东。如果公司决定使用 20 万股用于在职分红激励，总股权将增加至 120 万股，其中原始股东的股权比例为 83.3%，而在职股东的股权比例为 16.7%。

公司的 200 万元盈利将按照这一比例进行分配，即原始股东获得 166.6 万元，在职股东获得 33.4 万元。如果公司需要预留 60 万元作为发展基金，则从 200 万元盈利中扣除后，再按持股比例进行分配。

↑ 8.2.2 超额利润激励法

公司的业绩不仅与营销策略、产品质量有关，还与激励制度密切相关。超额利润激励法是提高业绩和利润的有效激励制度。该方法为员工设定一定的业绩目标，一旦员工超额完成，将按照一定比例对超额部分进行奖励。这有助于激发员工的工作热情。

例如，某公司的保底目标利润为 1000 万元。如果实际利润超过这一数额，超出的部分即为超额利润。公司可从超额利润中提取一部分与员工分享，这会产生良好的激励效果。

实施超额利润激励法的关键在于设定营利目标和明确分配额度。

1. 设定营利目标

目标利润 =（目标销售额－盈亏临界点销售额）－（目标销量－盈亏临界点销量）× 单位变动成本

根据该公式，在设定营利目标时，创业者应先根据公司以往的销售额和销量确定盈亏临界点的销售额和销量，再结合公司增长率（公司的发展速度，即现期收益与上期收益之比）确定合适的目标销售额和目标销量，最后结合单位变动成本（单位商品的变动成本的平均分摊额，即总变动成本与销量之比）计算出目标利润。

2. 明确分配额度

分配额度是指用于分配的超额利润。对此，创业者可以采用阶梯分配制，即超额利润越多，分配额度越多。例如，当达成目标利润的 100% 及以下时，不分红；当达成目标利润的 100%（不含 100%）～

120% 时，拿出超额利润的 30% 分红；当达成目标利润的 120%（不含 120%）～ 150% 时，拿出超额利润的 50% 分红；当达成目标利润的 150%（不含 150%）～ 180% 时，拿出超额利润的 70% 分红。

另外，需要强调的是，盈利目标应该具有稳定性，如果随意变动会严重影响员工的积极性，也会损害公司在员工心目中的形象，不利于公司的长久发展。

↑ 8.2.3　延期支付激励法

延期支付激励法的实施对象通常是拥有核心资源的高层管理人员。该方法是指公司将员工的部分奖励按当时的股票价格折算成相应数量的股票，然后将这部分奖励存入公司专门设立的延迟支付账户中。在锁定期满或员工退休后，公司将这部分奖励折算成现金返还给员工。

这种方法能够有效地激励员工。如果员工在未来的工作中表现出色，取得更好的业绩，他们将能够获得比之前更加丰厚的奖励。简言之，公司先给予员工部分原本应得的奖励，若他们未来表现更佳，则给予更大份额的奖励。此外，这种方法还可以对员工起到一定的约束作用。如果员工出现违背职业道德的行为，可能会直接导致他们遭受经济上的损失。

例如，深圳有一家公司为销售总监王某实施了延期支付激励法。2019 年，王某获得了 20 万股的股票，每股价格为 5 元，总价值为 100 万元。公司与王某约定在 5 年后支付这笔奖励，这意味着到 2024 年，王某除可以获得 100 万元，还将获得股票增值的收益。

假设该公司的股票在 2024 年上涨至 10 元 / 股，那么王某总共可以获得 100 ＋ (10 － 5) ×20=200 万元。如果王某选择在 5 年后领取奖励，那么奖励金额将会翻倍。

另外，如果王某在锁定期内离职，他只能获得原本的 100 万元，而不能享受股票增值的收益。这在一定程度上约束了他的短视行为，并帮助公司留住了有能力和有价值的员工。这样公司就不会因人才流失而遭受不必要的损失。

在实际操作中，延期支付的奖励不是一次性支付完毕，而是要遵循"532"原则。例如，王某获得的奖励可以由公司在 3 年内分批支付完成，每年依次支付奖励的 50%、30% 和 20%。

采用延期支付激励法时，公司必须先赢得员工的信任。因为这种方法的重点不仅仅在于"延迟支付"，更在于"激励"。只有当公司如期向员工发放奖励时，员工才能认真、踏实地工作。

↑ 8.2.4 "金色降落伞"激励法

"金色降落伞"中"金色"指的是丰厚的补偿，"降落伞"则意味着在公司发生变动时能平稳过渡。当公司发展到一定阶段时，可能会面临一种棘手的情况：公司的元老已无法跟上公司的发展步伐，但直接解聘又显得过于无情。此时，"金色降落伞"激励法便派上了用场。

在公司发生被收购、并购等重大变动，需要解雇董事、监事等高级管理人员的情况下，"金色降落伞"激励法能确保这些高管获得公司提供的丰厚补偿，如解职费、股票、额外津贴等。

例如，周某和李某合开了一家服装生产公司，共同奋斗 8 年后，终于看到了公司上市的曙光。但在公司上市前，周某发现李某的能力已跟不上公司的发展速度。

一方面，李某并非科班出身的金融人才，在金融管理方面稍显稚嫩。尽管他一直努力学习金融管理知识，但他还是跟不上公司的发展速度。如果公司上市后依旧让李某担任要职，很可能会给公司带来损失。

另一方面，李某不善言辞，公司上市后需要与各类媒体频繁接触，李某的性格可能会对公司的形象造成一定影响。

考虑到多方面的因素，周某决定在公司上市之前对李某的职位进行调整。如何将这一决定委婉地告知李某？周某感到十分困扰。两人一路相互扶持走到今天，李某对公司的贡献不容忽视，而且他并未犯错，直接解聘无疑会伤害他的自尊。但李某的能力确实影响了公司的发展，因此必须对他的职位做出调整。

在专业律师的指导下，周某采取了权力和利益置换的方式收回控制权。具体方案为：周某向李某发放了一部分限制性股权。李某将持有公司 5% 的股权，但有一个条件：他必须等到公司上市 2 年后才能获得这部分股权的红利，同时他需要放弃原来的职位。

李某放弃原来的职位后，被安排到董事会担任专职董事，继续协助周某解决公司发展中遇到的问题。这样一来，他既未完全失去对公司的管理权，又获得了额外的股权，依然能够分享公司发展的红利。

通过上述案例我们可以明白，"金色降落伞"激励法能够促使管理者接受发生在自己身上的职位变动，减少其与公司之间的矛盾。

↑ 8.2.5 "135" 渐进式激励法

"135" 渐进式激励法是一种从公司全局视角出发制订的激励机制。"1" 表示员工在职一年可获得分红，"3" 指的是连续 3 年的滚动考核期（包括第一年），"5" 指的是员工获得股权后有 5 年的锁定期。简单来说，一名员工从普通员工晋升到公司股东总共需要 8 年时间。

这种方法的好处在于能有效避免公司在对管理者了解不足的情况下过早地给予其股权。通常情况下，我们不建议仅根据员工在公司工作 1 年的表现就为其分配股权。正确的做法是：在 3 年的滚动考核过程中，公司根据岗位价值评估结果设定一个额度范围，然后结合业绩表现，综合评定员工是否具备获得股权的资格。

在 5 年的锁定期内，可能会出现已全款购买公司股票的员工因某些原因需要中途退出的情况。针对这种情况，我们提供了一个处理方案，如表 8-1 所示。

表 8-1　处理激励对象中途退出公司的情况

情况分类	具体方法
激励对象在锁定期内未满 3 年时退出	（1）员工离开时，如果公司处于盈利状态，公司就可以以原价回购其股份，并退还本金 （2）员工离开时，如果公司处于亏损状态，员工按照股权比例弥补亏损后方能离开，弥补上限为出资金额 （3）如果公司在员工退出前已经准备上市，那么为了加快上市的步伐，公司应提前解锁员工的股权
激励对象在锁定期内超过 3 年但少于 5 年时退出	（1）如果风投（指风险投资者）已进入，公司一般能够以溢价的方式回购员工的股份 （2）如果无风投进入，按照员工在锁定期内未满 3 年时退出的方案执行 （3）如果公司不足 5 年就上市，那就应该提前解锁员工的股权
激励对象在 5 年期满后离开	（1）直接注销股份，即回收特定的股票并将其销毁 （2）公司可以以净资产每股收益价回购，或者双方协商一个合理的回购价格

"135" 渐进式激励法主要面向公司管理者。由于管理者的地位特殊，创业者必须熟练掌握此方法，以避免因出现突发问题而对其他员工造成不良影响。

融资方案篇

绘制融资全视角路线图

第 9 章

融资计划：以完善的计划稳步推进融资

融资是指公司通过向投资人或金融机构出售股票、债券等方式获得资金。融资对公司有许多好处，如获得资金、扩大生产规模等。但在进行融资之前，公司需要制订完善的融资计划，以确保融资顺利进行并规避不必要的风险。

9.1　确定融资规模

公司融资的主要目标是获得资金，因此确定合适的融资规模至关重要。在确定融资规模时，公司应考虑三个方面：一是明确公司的发展阶段；二是了解公司的现金流状况；三是适当提高融资金额。

9.1.1　明确公司的发展阶段

公司处于不同的发展阶段，会有不同的融资需求，因此在确定融资规模时，公司应判断自己处于哪个发展阶段，以及在该阶段应注重哪方面的发展。公司的发展主要分为四个阶段，如图 9-1 所示。

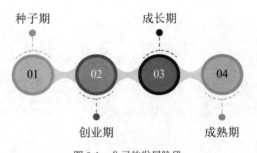

图 9-1　公司的发展阶段

1. 种子期

在种子期，初创公司刚起步，尚未获得大量资金和客户支持，产品仍处于研发或试验阶段。在这一阶段，创业者需要投入大量的时间和精力进行创意验证和市场调研。这些活动有助于创业者判断其创意的可行性和市场接受度，从而更好地改进产品。

在种子期，初创公司需要寻找投资以推进研发进程。这一阶段所需的资金被称为"种子资金"，通常由天使投资人和创投基金提供。种子资金的规模通常较小，一般为 10 万～ 100 万元。当然，一些非常优秀的项目可能会获得更高的投资额。

2. 创业期

当公司完成产品研发并开始试销时，就进入了创业期。处于这一阶段的公司具有巨大的发展空间，但短期内盈利能力有限。在创业期，公司需要大量资金用于购买生产设备、产品后续研发、宣传推广等方面。

在创业期，公司融资的主要目的是验证产品在市场上的可行性，并搭建相应的营销矩阵。这一阶段，公司尚未盈利或利润微薄，因此其很难获得商业信贷，需要借助风险投资获得资金支持。

创业期公司的资金主要来源于两个方面：一是风险投资机构；二是风险投资人。风险投资人所面临的风险主要与创业期的长短有关，包括技术风险、市场风险等。

许多公司在从种子期过渡到创业期的过程中会面临诸多挑战。在这一阶段，公司的产品、商业模式、盈利模式等都需要经受市场的考验。一旦出现失误，项目就可能会失败。

3. 成长期

处于成长期的公司已经度过了创业期的艰难阶段，产品已经经过市场检验，并开始朝着扩大生产规模、开拓市场的方向发展。在这一阶段，公司的规模迅速扩大，市场占有率逐步提高。

成长期是公司引入风险投资的重要阶段。公司在产品研发方面的投入较大，导致资金需求量激增，同时市场风险和管理风险也有所增加。在这一阶段，公司所需的资金分为运营资金和扩张资金，主要通过原有投资人增资和新投资人进入来获得。

4. 成熟期

成熟期是公司上市前的最后一个发展阶段。在这一阶段，公司可能会经历风险投资的退出和私募基金的进入。处于成熟期的公司通常技术成熟、市场稳定、拥有稳定的现金流，并且具备较强的融资能力。

判断公司的发展阶段有助于创业者客观评估公司的融资能力。在此基础上，结合其他因素确定融资金额，并制订合理的融资计划，为融资的顺利进行打下坚实良好的基础。

↑ 9.1.2　了解公司的现金流状况

现金流指的是公司在一定时期内由于经营活动所产生的现金流入与现金流出之间的差额。如果说公司所处的发展阶段决定了其资金需求，那么现金流则决定了其是否需要进行融资。因此，公司应对自身的现金流状况进行分析。

一家健康发展的公司应确保资金流入多、流出少。在公司盈利之前，必须准备充足的资金来维持团队运营，直到产生收入、拥有稳定的现金流。

如果自备的资金不足以维持运营，创业者必须有能力预测公司的现金流何时会中断，并在该时点来临前找到投资人，获得资金注入，从而确保公司的正常运营。

无论何时，创业者都应确保账户中有足够维持公司正常运转6个月的现金流储备。这样做有两个原因：一是只要公司账户中有资金可用，项目就能正常运转；二是完成一轮融资通常需要 6 个月的时间。

总之，现金流是公司的生命线，掌控着公司的存亡。无论创业者有多么出色的创意和多么优秀的团队，一旦现金流中断，失败的风险就会增加。

通常，优质的现金流能保持流动性和收益性之间的平衡。这就要求创业者在分析现金流时关注四个要素，如图 9-2 所示。

图 9-2　创业者应关注的现金流要素

其中，现金流流入反映了公司的盈利和预期收益能力；现金流流出反映了公司各项开支的方向与金额；现金流维持时间决定了公司能否顺利存活；历史现金来源可以预测公司的持续融资能力是否强大。

通过分析现金流，创业者可以大致确定公司的融资额度。具体来说，公司财务状况越好、现金净流量越大，所需融资额度越小；反之，财务状况越差、现金净流量越小，所需融资额度越大。

⇑ 9.1.3　适当提高融资金额

在进行融资时，公司应确定合适的融资金额。有时创业者可以适当提高融资金额以促进公司快速发展。

　　例如，刘某是一家公司的创始人。在首轮融资时，他很快就实现了目标，并获得了预期的融资金额。正当他准备宣布融资结束时，仍有投资人表示有投资意向。在这种情况下，刘某的融资顾问建议他继续融资，最终融资金额达到了目标的 1.5 倍。当刘某进行第二轮融资时，融资金额达到了目标的 2 倍。

　　在首轮融资时，融资顾问花了很长时间才说服刘某接受更多资金。刘某非常担心股权被稀释，并认为融资金额满足当前业务的发展需求即可，不需要更多。此外，刘某更希望回归正常工作，而不是在融资上花费太多时间。

　　刘某最终没有为自己的决定后悔，甚至因获得更多融资而感到庆幸。充足的资金给他的项目带来了正向现金流，他不需要在项目发展的关键时期分出精力寻找第二轮融资。

　　相对而言，资金充足有助于创业者试错，即使发生金融危机，也能扩大公司规模。以下是融资金额应当大于实际需求的三个原因，如图 9-3 所示。

图 9-3　融资金额应当大于实际需求的三个原因

　　（1）资本环境变化难以预测，融资有备无患。2008 年的全球金融危机就是一个很好的例子，当时融资活动几乎全部停滞，许多信誉良好的投资者反悔并拒绝投资。对于资金需求巨大的公司来说，这是一个非常困难的时期。

尽管金融危机持续的时间并不长，但融资能力强和融资能力弱的公司之间仍然存在巨大差异。如果公司提前获得了充足的资金，应对金融危机的难度会大大降低；相反，如果公司没有提前获得足够的资金，又无法进行融资，那么顺利渡过金融危机的可能性就非常小。

（2）下一轮融资更加困难。创业者应该明白，随着融资轮次的增加，融资的难度也会提高。因为公司的估值在不断增长，而投资人的期望也在不断上升。例如，在天使轮融资时，投资人更看重团队和创业计划；而在随后的 A 轮、B 轮和 C 轮融资中，他们的关注点会转向业绩。

想象一下，取得业绩是否比制订创业计划更为困难？因此，如果创业者能够获得更多的融资，最好不要拒绝，因为创业者也无法预测当前资金是否足以支撑到取得一定业绩的阶段。

（3）多次小规模融资会导致分心，不利于发展。融资是除项目发展之外的另一项事务，需要创业者投入大量的时间和精力。每隔几个月就进行一轮融资，会在很大程度上消耗创业者的热情和积极性，不利于公司的长期发展。

创业者本应将更多的时间用于公司运营，以确保在下一轮融资之前实现业绩目标。多次进行小规模融资可能会导致创业者实现业绩目标的时间延长，甚至无法实现这些目标。

综上所述，在确定融资金额时，创业者应根据公司的发展阶段和现金流状况来确定资金需求，并确保融资金额不超出实际需求。

9.2 把握融资节奏，确定融资频率

创业者应该从公司的实际情况出发，明确公司的融资节奏，并根据产品和业务的发展情况来决定融资阶段。在融资过程中，公司应该脚踏实地、逐步发展，这样才能实现长久的发展。

↑ 9.2.1 将产品发展作为判断融资阶段的依据

公司应该在什么时候融资并没有明确的规定，但创业者可以通过一些关键节点来明确融资阶段。以下将以 Oculus 的 VR 项目为例，讲述如何通过产品和业务发展确定融资阶段。

年仅 21 岁的 Oculus 联合创始人帕尔默·洛基与许多硅谷财富神话的主角一样，中途辍学并在艰苦的环境中创业。

Oculus 成立之初，帕尔默·洛基独自承担所有工作。直到布伦丹·艾里布和迈克·安东诺夫加入后，迈克·安东诺夫担任首席软件架构师，布伦丹·艾里布担任首席执行官，而帕尔默·洛基开始逐渐减少管理任务，将全部精力投入到 VR 项目中。

在 Kickstarter 众筹平台上，帕尔默·洛基发布了 VR 项目，其核心是一款专为 VR 游戏设计的设备。Oculus 彻底改变了玩家对游戏的认识，并获得了近万名用户的支持。最终，Oculus 筹集的资金超出预

定目标（25 万美元）近 10 倍。

此轮融资是 Oculus 的天使轮融资。在这一阶段，Oculus 展现出两个特征：一是产品已具备初步形态，可向投资人展示；二是已形成初步的商业模式，但该模式的可行性有待验证。

随后，Oculus 完成了 1600 万美元的 A 轮融资，投资方包括经纬创投和星火资本等。此时的 Oculus 产品已趋于成熟，拥有完整、详细的商业模式及盈利模式，并在行业内获得了一定的地位和口碑。

借助 A 轮融资的支持，Oculus 成功推出了首款 VR 产品——VR 头盔，分为限量版和普通版。该 VR 头盔在 E3 大展上获得了"年度最佳游戏硬件"的提名。

与此同时，Oculus 与多家公司展开合作，共同研发支持 VR 头盔的游戏、演示版游戏以及 SDK（软件开发工具包）。无论从 SDK 的稳定性还是游戏的上手易用性来看，Oculus 在软硬件方面都取得了显著的成就。

在 B 轮融资中，Oculus 获得了高达 7500 万美元的资金，领投方为 a16z。此轮融资之后，a16z 的创业者迈克·安德森加入了 Oculus 的董事会。

利用 A 轮融资获得的资金，Oculus 取得了一定的发展并开始盈利。在 B 轮融资后，Oculus 需要推出新业务、拓展新领域。

B 轮融资之后，Oculus 接受了 Facebook（脸书）以 20 亿美元的交易额对其进行收购。这 20 亿美元中包括 4 亿美元现金及 2310 万股 Facebook 股票。按照当时的平均收盘价 69.35 美元计算，这些股票价值为 16 亿美元。Facebook 和 Oculus 都表示，此次收购不会影响 Oculus 原来的发展计划，唯一不同的是，Oculus 获得了更多的资金支持。

Oculus 被高价收购意味着其 VR 项目取得了成功。对于商业模式较为成熟、盈利较多的公司而言，其最终目标是上市。这些公司会继续进行 C 轮、D 轮及 E 轮等后续轮次的融资。通过融资，这些公司可以拓展新业务，形成商业闭环。

↑ 9.2.2　融资节奏与公司发展相匹配

许多创业者认为，公司要获得发展，就应该快速进行融资，但事实并非如此，公司的融资节奏应该与公司的发展相匹配。当公司开拓全新市场时，其成长、发展和融资速度都会相对较快。

以 To B 领域的纷享销客为例，我们需要了解其如何在一年内完成三轮融资。表 9-1 呈现了纷享销客的融资历程。

表 9-1　纷享销客的融资历程

轮次	融资金额	投资人
A 轮融资	300 万美元	IDG 资本
B 轮融资	1000 万美元	北极光创投领投，IDG 资本、华软创投和博雅资本跟投
C 轮融资	5000 万美元	DCM 领投，IDG 资本、北极光创投跟投
D 轮融资	1 亿美元	亚洲对冲基金领投，IDG 资本、北极光创投、DCM 跟投
E 轮融资	未透露具体融资金额	中信产业基金和高瓴资本领投，IDG 资本、北极光创投、DCM 跟投

相关资料显示，纷享销客的 B、C、D 三轮融资是在一年内完成的，

成为 To B 领域第一家在一年内完成三轮融资的公司。

罗旭，纷享销客的创始人和 CEO，其凭借独特的洞察力和坚定的决心引领团队创立了纷享销客，并成功获得了天使轮投资。在当时的市场环境中，国内公司对于 To B 业务的认知尚处于初级阶段，企业间的沟通主要依赖 IM 和传统 PC 版办公自动化软件，而国外市场的 Yammer 已经成为公司间沟通的新宠。罗旭敏锐地洞察到，随着微博在中国的迅猛发展和智能手机的普及，移动办公和沟通将成为未来的主流趋势，因此他决心在 To B 领域深耕。

有了明确的方向和产品概念后，罗旭带领团队迅速投入产品的研发和市场导入计划的制订。随着纷享销客的正式上线，罗旭开始了 A 轮融资的进程。

尽管纷享销客是首批进入 To B 领域的公司之一，但当时的市场环境对 To B 领域并不友好，与热门的 To C 领域相比，To B 领域显得相对冷清。因此，纷享销客在寻求投资的过程中遇到了不少困难，甚至有投资人直接向罗旭表示不看好其产品。

然而，罗旭并未因此气馁。在多次尝试并遭到拒绝后，他终于找到了 IDG 资本。IDG 资本在中国市场早已布局 To B 领域的投资计划，与纷享销客的理念不谋而合。这次合作使纷享销客成功完成了 300 万美元的 A 轮融资。

如今，纷享销客在 IDG 资本的支持下，已经完成了多轮融资，其中包括 E 轮融资。IDG 资本不仅是 A 轮融资的领投者，而且是后续几轮融资的重要跟投者。这充分证明了志同道合的投资人对于创业公司的重要性，他们能够为创业者提供更长远的支持和陪伴。

罗旭及其团队凭借坚定的信念和不懈的努力，成功引领纷享销客在 To B 领域崭露头角，展现出强大的竞争力和市场潜力。

纷享销客最初以"纷享平台"为名，定位为协同办公工具，对标国际领先的 Yammer。然而，通过市场验证，其发现国内中小型企业大多处于发展初期，对于销售管理和客户管理的需求远超过协作效率的提升。因此，纷享销客决定进行战略调整，将焦点转向销售管理，并在 IDG 资本的支持下，将"纷享平台"更名为"纷享销客"，明确其 SaaS（软件即服务）定位，专注于销售管理。

在转型初期，纷享销客面临着没有 CRM（客户关系管理）模块的困境，这对其市场拓展和用户转化造成了阻碍。研发团队迅速投入 CRM 模块的研发，与此同时，纷享销客也开始了 B 轮融资的筹备。但由于产品尚未完善，加上运营数据并不理想，许多投资人对罗旭能否成功推进销售管理持怀疑态度。

在长达 5 个月的寻找投资过程中，罗旭倍感压力，资金也日趋紧张。幸运的是，随着 SaaS 市场的逐渐升温，研发团队成功推出了第一版 CRM。纷享销客的发展前景和战略规划得到了市场的认可，其最终成功获得了北极光创投领投的千万美元 B 轮融资。

凭借这次融资，纷享销客逐步打开了市场，精准定位了用户需求，吸引了包括汽车之家、新浪乐居、京东方等在内的众多知名公司成为其忠实用户。然而，随着公司的发展，纷享销客又面临线上与线下模式选择的关键决策。线上模式具有轻量级、市场大、人力成本少等优势，而线下模式则被认为传统、烦琐且成本高昂。

罗旭坚信："在中国市场，销售管理软件的使用尚处于初级阶段。我们不仅要让用户了解我们的产品，更要帮助他们充分利用我们的产品。服务的最后一米至关重要，只有用户真正体验到服务，才能深入使用产品，获取其真正的价值。"因此，在罗旭的坚持下，纷享销客最终选择了以线下为主、线上为辅的发展模式。同时，纷享销客推出了"五星级服务"，致力于为用户提供全方位的服务和指导，助力用户销售业绩的快速增长。

为了快速拓展市场，纷享销客提供了全国 24 小时电话回访服务及 72 小时服务人员到达服务，构建了一套完善的服务体系。凭借敏锐的市场反应和高效的服务，纷享销客在同行业中迅速崭露头角，一年内实现了业绩的 10 倍速增长，成为行业的领跑者。

罗旭认为，A 轮融资主要考验创业者的市场洞察力和项目潜力；B 轮融资则关注产品的发展潜力和市场接受度；而 C 轮融资则需要通过市场表现和用户反馈来验证产品的价值。纷享销客在 SaaS 市场的出色表现赢得了众多投资人的认可，顺利完成了 DCM 领投的 5000 万美元 C 轮融资。

随着互联网技术的不断发展和深化，SaaS 市场迎来了爆发式增长。纷享销客作为销售垂直领域的佼佼者，凭借其快速发展和庞大的用户基础，开始打造集成平台，进一步满足用户多样化的需求。纷享销客的销售数据既证明了 SaaS 市场的巨大潜力，也反映了国内中小型公司对高效销售管理工具的迫切需求。

在 C 轮融资期间，纷享销客的业绩持续飙升，营收每 3 个月翻一番，一年内销售收入增长近 12 倍。同时，活跃用户的付费转化率达到了 47.7%，续费率高达 75.2%，首次付费后增购终端的公司数量占比达到了 22.3%。超过 75% 的公司选择继续使用纷享销客的服务。

凭借这些令人瞩目的成绩，纷享销客成功吸引了亚洲对冲基金领投，DCM、IDG 资本和北极光创投跟投的 1 亿美元 D 轮融资。完成 D 轮融资后，纷享销客在分众楼宇、网易、腾讯新闻客户端等主流媒体投入了近 1 亿元的广告费用，进一步提升了其市场影响力。

在此基础上，纷享销客继续推进 E 轮融资，领投方为中信产业基金和高瓴资本，DCM、北极光创投及 IDG 资本均积极参与跟投。随后，纷享销客宣布进行全新战略升级，将其定位从移动销售管理工具升级为一站式移动办公平台，并将品牌名称"纷享销客"更改为"纷享逍客"。

尽管融资是许多企业发展的起点，但纷享销客深知融资并非目的，而是推动公司不断前行的动力。通过几轮融资的支持，纷享销客逐步实现了其战略构想，这充分印证了罗旭对 SaaS 市场和移动办公趋势的敏锐洞察和前瞻性判断。

对于大多数初创公司而言，一年内完成三轮融资确实是一项巨大的挑战，但像纷享销客这样具备卓越创新能力和市场潜力的企业却能够实现这一壮举。当创业者仅有一个创意或项目，尚未成立公司或公司刚起步时，他们通常需要寻求种子轮或天使轮融资来启动项目。事实上，许多现今的互联网巨头，如谷歌、苹果、Facebook、百度、阿里巴巴和腾讯等，都曾在发展初期依赖于天使轮融资来支持其成长。

按照互联网公司的发展速度，天使轮融资之后的一两年，产品就会走向成熟，也有了一定的用户基础，此时可以进行 A 轮融资。拿到 A 轮融资之后，如果用户继续增加，业务发展态势良好，再过半年或者一年之后就可以进行 B 轮融资，紧接着是 C 轮、D 轮……

总之，融资是有一定规律的，不能操之过急，融资节奏应与公司发展相匹配。

第 **10** 章

商业计划书：向投资人展现你的想法

商业计划书主要应用于公司对外获得投资时，能够对公司、项目、创业团队的成员进行详细的介绍，向投资人展示自己的想法，吸引更多的投资人，完成融资。

10.1 完整的商业计划书所具备的7个要点

一份商业计划书主要包括 7 个要点，分别是公司基本信息、组织架构及团队分工、行业现状分析、产品分析、公司财务情况、项目风险和融资计划。一份完善的商业计划书更能获得投资人的青睐。

10.1.1 公司基本信息

商业计划书首先需要对公司的基本信息进行介绍，包括公司基本简介、主要业务、近期和长期目标等，这些信息有助于投资人对公司进行快速了解。

1. 公司基本简介

公司基本简介包括公司名称、公司注册地等，如表 10-1 所示。

表 10-1 公司基本简介

基本信息	具体内容	基本信息	具体内容
公司名称		法定代表人	
公司注册地		主营产品或服务	
注册资本		所属行业	
公司类型		经营模式	
公司成立时间		联系人	
移动电话		电话	

需要注意的是，在介绍公司类型时，除了让投资人知道公司是有限责任公司、股份有限公司或是合伙公司、个人独资公司等，还需要说明中资和外资的比例。另外，也需要对公司成立以来的主营产品或服务、经营模式等变动做出说明。

2. 主要业务

随着投资市场不断发展，许多投资人在挑选项目时更加严格。创业者应当仔细介绍公司的主要业务，以吸引投资人。

创业者在介绍公司的主要业务时，应当仔细介绍产品定位与卖点。业内曾流传一个陈述产品定位的公式："产品针对××人群＋描述潜在用户人群＋产品属于××类别＋核心卖点＋与竞争对手产品的主要区别。"这个公式可以对大部分产品、业务进行精准的定位。

产品名称、品牌信息及产品特征都源于产品定位，因此投资人非常看重这部分内容。好的产品定位可以吸引投资人的眼球。下面是确定产品定位的三个步骤。

第一步：明确目标市场。创业者可以对整个市场进行细分，包括性别、年龄、受教育程度、地理位置、收入水平等，并依照这些因素明确目标市场，明白产品是给谁用的。

第二步：找出用户痛点。产品只有能够解决用户的痛点，才能获得用户的喜爱。痛点指的是用户在生活中遇到的问题，如果这些问题不能得到解决，他们就会陷入痛苦中。用户需要一种解决方案来解决这些问题，化解自己的负面情绪，而产品的价值就在于解决用户的痛点。因此，找出用户痛点是描述产品定位的第二步。

第三步：分析差异化价值点。创业者需要从目标市场需求、产品定位等多个方面入手对产品进行差异化分析，并总结出产品独特的价值点。找到产品差异化价值点，有助于创业者将其产品与市场上的其他同类产品区分开来，从而在激烈的市场竞争中占据有利地位。

产品定位与产品的特性、公司所能提供的资源、用户的需求和竞品的定位息息相关。创业者只有综合考虑这四个因素，才能够准确描述自己的产品与业务。

介绍完产品方面的信息，接下来，创业者还要向投资人证明为什么这款产品只有自己可以做好。

首先，介绍创业团队的优势。创业者可以介绍自身的学习经历和工作经历，如知名学校毕业、曾就职于知名企业或者参与过知名项目等，这些都会吸引投资人的目光。此外，创业者还可以分享自己在相关领域的工作经验以及获得的成就，表明自己的发展前景和可靠性。在介绍团队成员时，创业者所述要体现出每个人的优势。

一个配置合理的创业团队应当有五类人才，包括领导者、技术人员、深耕行业的资深人士、资深销售和资深理财专家。拥有广泛的人脉也是团队的优势。例如，创业团队与头部企业建立了合作关系或者吸引了头部企业的关注。

其次，介绍项目所属行业的情况。投资人的决策往往会受到项目所属行业状况的影响。市场未来的发展情况是可以预测的，投资人选择有前景的项目和可靠的创业团队，能够获得更丰厚的回报。

什么样的行业更容易吸引投资人呢？一般来说，拥有广阔市场空间、能够容纳百亿级别公司的行业更具吸引力。创业者可以通过分析当前市场内上市公司的情况来了解市场空间，从而说服投资人进行投资。

总而言之，团队越是优秀，市场越大，项目就越吸引人。一个明星创业团队加上亿级的需求，就算商业模式还不明确，也是非常吸引投资人的，因为有用户就有转化。

3.近期和长期目标

一家有规划的公司才有未来，一家有未来的公司才会获得投资人的青睐。创业者应该将近期和长期目标展现在商业计划书中，这不仅直接关系到公司的未来，还与投资人的利益直接挂钩。

在这一部分，创业者要向投资人介绍公司的目标，包括规模、人员管理、战略等方面。下面通过一个案例来具体说明。

在未来两年的时间内，某公司的发展思路是"三步走"战略。

第一步：完善公司的各项管理制度。用一年的时间实现公司的现代化管理，扩招高素质人才，提高公司的技术和设计水平，用最快的速度和最短的时间扩大公司的规模，使公司的整体盈利情况有明显的改善；加强对公司高层的监管，制定完善的监督措施，对公司的风险进行规范化的管理，做好风险规避。

第二步：保证公司的长远稳定发展。定期组织员工进行市场调研，时刻关注外部市场的新动向，在科学合理的市场调研结果的基础上，积极拓展新的业务领域。此外，还要提高公司整体的创新能力，为发展新业务提供保障。

第三步：有了第一步和第二步，公司在各个方面都会有很大的进步，已经具备了较强的经济实力，可以向高科技行业延伸，使公司尽快成为全方位发展的现代化公司。

介绍这一部分内容的最终目的是让投资人看到公司的未来。当然，各家公司可以从自身实际情况出发，选择适合自己的发展道路。

↑ 10.1.2　组织架构及团队分工

商业计划书的第二部分应着重介绍公司的组织架构及团队分工，向投资人展现团队的实力。毕竟，随着项目的推进，目标市场、产品和商业模式都可能会发生变化，但团队始终是核心要素。

那么，创业者如何才能让投资人对自己的团队产生兴趣呢？创业者可以从自己的经历出发，展示自身优势和价值，以吸引投资者的注意。同时，创业者也可以展现自己的情怀，如像乔布斯一样致力于"改变世界"，"让生活更有价值"，这可能会让投资人刮目相看。

接下来是团队介绍部分，重点突出其中的核心成员。应详细介绍核心成员的经历和专长领域，以吸引投资者的关注。例如，可以介绍团队中核心成员的特殊才能、特点及人脉资源等。

此外，商业计划书中还需明确公司的管理目标，展示其组织架构，使投资人更全面地了解公司的管理团队。

创业团队的实力往往决定了创业成功的可能性。一个卓越的管理团队更容易获得投资者的关注。如果团队成员具备扎实的技术知识、卓越的管理才能和丰富的工作经验，那么获得投资的机会就会大幅增加。

在商业计划书中，公司管理团队的介绍是关键部分。在撰写商业计划书时，创业者应重点介绍公司的管理团队及其职责，然后详细介绍团队每位成员的才能和特点。此外，创业者还应详细描述每位管理者对公司所作的贡献。

需要注意的是，在介绍公司的管理团队时，创业者应突出其中的核心团队。突出核心团队成员的从业经历和专长领域，能够吸引投资者的注意力。除了对核心团队的描述，商业计划书还应体现公司技术、销售、运营等方面的核心骨干成员。强调团队成员的互补性和完整性，能够提高融资成功的概率。

10.1.3 行业现状分析

商业计划书的第三部分是行业现状分析。在这一部分，创业者应详细探讨市场前景、目标用户群、购买力、竞品分析及竞争优势等，以便投资人更好地了解产品的市场定位和竞争优势。

1. 市场前景概述

投资人进行投资时最看重创业者对市场需求的预测以及市场未来的容量分析。具体来说，创业者需要预测有多少用户可能会使用公司的产品或服务，这些用户体量是百万级、千万级还是亿级。

在中国这样一个市场容量巨大的国家，目标用户只有百万级的产品并不是一个具有巨大潜力的产品。当然，市场预期并不仅仅体现在用户数量上，还包括客单价等衡量标准。一个用户量少但客单价很高的产品或服务也具有很大的潜力，如各类 C2B（Consumer to Business，消费者对企业）、B2B（Business to Business，企业对企业）服务。

另外，投资人非常关注未来市场容量，因为这会深刻影响其投资决策。原因很简单，市场在未来 5～10 年的变化空间基本上可以预测，投资人往往更青睐发展空间足够大、可以容纳百亿级公司的市场。

2. 目标用户及购买力

目标用户即产品或服务是给谁用的，对应的是目标市场。初创公司尤其需要重视目标用户，因为他们的需求更加强烈，会主动寻找问题的解决方案。

把握住目标用户，就为拓展市场奠定了坚实的基础。种子用户会迅速通过关系链的口碑传播，帮助公司占领目标市场。

例如，小米十分重视用户的体验与意见，借助用户口碑传播实现快速发展。小米曾拍摄了一部名为《100个梦想的赞助商》的微电影，感谢最初支持自己的100名用户。作为创业者的雷军每天都会抽出时间回复微博上的评论，即使是负责研发工作的核心工程师也要抽空回复论坛上的帖子。

根据相关数据统计，小米论坛日均产生8000个具有实质内容的帖子，每名工程师日均回复帖子量为150个。每个帖子后面都会显示建议是否被采纳以及回复的工程师的ID，这能够提高用户参与互动的积极性，使用户有被重视的感觉。

小米论坛不仅支持用户进行线上交流，还组织了强大的线下活动——同城会。每隔两周，小米便会在各个城市举办同城会。同城会的举办顺序是由论坛内该城市用户的多少决定的。小米官方会在论坛上发布公告，邀请30～50名用户参与活动。在活动中，用户可以与工程师面对面交流。可以说，同城会极大地增强了小米用户的黏性。

此外，小米还将与用户做朋友融入公司文化中，赋予一线员工很大的自主权。例如，当用户对服务不满意或者投诉时，客服能够根据实际情况决定赠送给用户哪种小礼品。

小米注重人性化的服务。曾经有用户购买了小米手机赠送朋友，但觉得朋友拿到手机还要自行贴膜十分麻烦，于是小米便在订单上备注了"赠送贴膜服务"，为用户解决了烦恼，使用户感受到了小米的贴心。

小米还成立了"荣誉开发组"，邀请用户试用还未对外发布的小米手机、参与产品开发等。虽然这种方式对于小米来说存在一定的风险，但是这使用户产生了一定的荣誉感和认同感，提高了用户对小米的忠诚度。

3. 竞品分析及突出优势

在商业计划书中对竞品进行分析能够体现创业者对市场的深刻认识。通过对竞品的深入分析，创业者可以凸显自己产品的竞争优势和独特卖点，从而吸引投资人的关注和兴趣。竞品分析主要包括三个方面的内容，如图 10-1 所示。

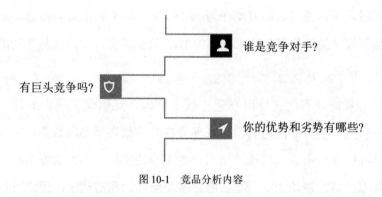

图 10-1　竞品分析内容

（1）谁是竞争对手？

在开始竞品分析之前，创业者需要明确一个合适的竞争对手。

第一步是选择竞争领域。创业者需要对市场进行细分，确定自己想要进入的细分领域，并在这个领域寻找竞争对手。

第二步是确定竞争目标。创业者的公司未来发展目标决定了公司的竞争目标。任何阻碍公司发展或与公司有相同目标的公司都可以被视为竞争目标。

（2）有巨头竞争吗？

创业者必须关注市场中的巨头情况，如是否存在多家巨头，如果存在巨头，创业者需要谨慎行事。如果巨头们正在进行激烈的竞争或无暇顾及新创公司，那么创业者可能有机会抓住机遇。

从业务角度来看，创业者应尽量避免与巨头的业务重叠。然而，对于投资人来说，如果公司的业务与巨头的上下游业务有关，那么其也可能成为巨头的竞争对手。

以电商为例，仅突出品类差异是不够的，因为巨头有足够的资金调整团队结构、业务方向和产品品类。如果创业者选择将巨头作为竞争对手，试图分一杯羹，那么创业风险会非常大。

例如，班车类项目曾经是一个蓝海市场，与滴滴相比，两者的用户群体存在差异，因此吸引了众多投资人关注相关初创公司。然而，当滴滴宣布将投入 5 亿元开展班车类业务时，投资人很快就不再关注那些初创公司了。

（3）你的优势和劣势有哪些？

对优势和劣势进行分析，可以帮助创业者更好地了解自己和竞争对手，使公司在竞争中处于主动地位，并给投资人留下深刻的印象，有助于成功获得投资人的投资。

在分析时，创业者可以采用 SWOT 分析法来全面分析公司的优势和劣势。需要注意的是，创业者应从两个方面客观地分析公司的优势和劣势，如图 10-2 所示。

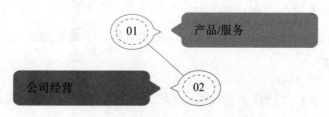

图 10-2　优势和劣势分析的两个方面

一般来说，公司之间的竞争主要在产品和服务层面展开，但大部分投资人更关注产品竞争。

竞品分析应当从产品定位、市场定位、成本及价格、广告投入、发展趋势等方面进行。如果是专业服务类公司，竞争对手的主要服务对象、服务范围及服务水平也是值得分析、比较的内容。

当竞品较少或过于强大时，创业者需要先思考如何使项目顺利推进并在竞争中取胜，然后再用这些理由说服投资人。

以乔布斯初创苹果公司为例，正是因为考虑到戴尔、康柏等大型办公电脑公司的竞争，他为了差异化竞争，转变了苹果电脑的产品定位。

竞争优势和劣势分析还可以在公司经营层面进行。例如，通过对营销战略、推广渠道、关键财务数据、人力资源政策等进行分析公司的竞争优势和劣势。

10.1.4　产品分析

商业计划书的第四部分是产品分析，主要包括营销战略和回报预期，能够使投资人对产品有所了解。

1. 营销战略

创业者要在商业计划书中详细描述市场营销战略，目的是让投资人看到公司对目标市场有深入的了解和分析。下面是描述市场营销战略的步骤。

第一步：市场营销战略概述。这一部分写在市场营销战略的开头，是对公司市场营销战略的整体描述。一般只需要两三句话即可。

例如，2023年4月华为推出了nova 11手机，就是以情感营销俘获大众的心。《再见》是一首发行于2005年的歌曲，其词曲伤感，能引起毕业季学生的共鸣。2023年6月，华为联合旅行团乐队将《再见》进行了改编翻唱，更加突出了毕业季的伤感。

在这首全新改编的《再见》中，许多年轻人看见了自己回不去的青春年少、上课时认真的背影、球场上挥洒汗水的身影等。虽然时间偷偷流逝，但是这些经历可以通过影像记录下来。

华为推出的nova 11手机能够以影像留住这些闪光的记忆。华为没有特别强调nova 11具有哪些特别的摄影功能，但是影片中学生们拿着华为nova 11手机拍照留念赋予了手机情感内涵。这更能激发用户的情感需求，引起用户的情感共鸣，因此nova 11手机能够在激烈的市场竞争中吸引一批用户。

第二步：公司营销环境分析。这一部分主要是对公司面临的市场情况进行总结和分析，所分析的内容一般分为两大部分：一部分会对产品的市场性进行分析，包括产品的现实市场及潜在市场状况、消费者的接受度等；另一部分会对影响产品的不可控因素进行分析，如居民经济条件、消费者收入水平、消费心理等。

第三步：公司营销目标描述。这一部分主要是列出市场营销的目标，即公司执行营销战略后预期达到的经济效益目标，一般包括产品的总销售量、预计毛利和市场占有率等。

第四步：具体营销战略分析。这一部分是营销战略的重点内容，一般分为营销宗旨、产品策略、价格策略、销售渠道、销售策略五大部分。这5个部分是从不同的角度对营销战略进行拆解，有利于创业者确定营销的具体方法和手段。其中，产品策略、价格策略、销售策略是比较重要的部分，下面针对这三个方面进行详细分析。

产品策略包含多个方面的内容。其中，产品定位、产品质量功能方案、产品品牌、产品包装、产品服务都是产品策略中会提到的内容。在撰写商业计划书时，创业者应考虑全面，以免遗漏。

价格策略也是营销战略中一个较为重要的部分。恰当的价格策略能够让公司实现利润最大化，帮助公司实现长远的发展。一般来说，创业者在制定价格策略时会采用多种定价原则。例如，拉大批零差价，给予零售商、中间商更多的优惠；给予消费者适当数量的折扣，鼓励他们多购买产品。创业者还可以采用成本定价法，以成本为基础，以同类产品的价格为参考，确定自己产品的价格。

在描述销售策略时，创业者需要完整地描述策略细节。例如，在销售时选择使用外面的销售代表还是内部职员；在选择商品售卖方式时，选择转卖商、分销商还是特许商；公司将为销售人员提供什么类型的销售培训等。创业者把这些小细节描述清楚，会给投资人留下一个好印象。

第五步：各项费用预算。这一部分需要将执行营销战略的费用计算清楚，包括营销过程中的项目费用、阶段费用、总费用等。撰写这一部分内容时，创业者需要遵循"以较少投入获得最优效果"的原则，让投资人看到项目的利益优势。

第六步：市场营销战略总结。该部分应当给出战略执行过程中出现变动时可以采用的解决方案。因为市场变化莫测，所以创业者需要根据市场变化对营销战略进行相应的调整，以保证营销战略始终具有可实施性。

以上就是描述市场营销战略的完整步骤。创业者在制定市场营销战略时，可以遵循以上 6 个步骤，以撰写出优秀的能够吸引投资人的商业计划书。

2. 回报预期

回报预期是商业计划书中最重要的部分，也是投资人最关心的问题。虽然这只是对盈利的估计，并不是投资人最终可以获得的利益，但它依然是影响投资人做出投资决策的重要因素。

如果创业者通过商业计划书展示了较高的回报预期，投资人就很容易被吸引。因此，在公司盈利非常丰厚、回报预期比较可观的情况下，创业者应果断地在商业计划书中展示出回报预期。

关于回报预期，其实有很多种展示的方式，如表格、文字等。在PPT 中使用表格的方式比较直观，具体可以参照某科技公司的回报预期表，如表 10-2 所示。

表 10-2　回报预期表　　　　　　　　　　　　单位：万元

年份	2024	2025	2026	2027	2028
预期销售收入	6500	10 000	14 000	2 2000	34 000
预期净利润	1500	5000	5500	7900	12 000

这种方式的好处是看起来比较清楚，预期销售收入和预期净利润都可以充分展示出来。需要注意的是，只需要让投资人知道最后的数据即可，切忌把所有数据都呈现在表格中。

还有一种是通过文字展示回报预期，这种方式适用于工作型商业计划书，但是必须注意文字的简洁和精练。我们先来看一个不太成功的案例。

这个项目需要 200 万元资金，投资人的回报可以通过以下几种方式获得。

一是网站建立以后，可以获得盈利，投资人可以由此获得分成。

二是网站发展壮大以后，我们会成立自己的公司，投资人可以得到公司的股份，赚取由股份带来的利益。

三是达到上市标准后，公司会上市，投资人可以通过抛出股票的形式来获取利润，得到相应的回报。

上述案例一直在介绍获取回报的方式，却对具体的数额闭口不谈，这是不合理的。因为投资人关心的并不是利益从哪里来，而是到底能有多少利益。为了避免出现错误，同时让投资人掌握其想知道的信息，无论是路演型商业计划书还是工作型商业计划书，都可以用表格的方式来展示回报预期。

↑ 10.1.5 公司财务情况

商业计划书的第五部分是介绍公司财务情况，以向投资人表明公司财务稳定，具有发展潜力。公司的财务数据包括现金流、资金产出与投入、固定成本等，是投资人了解公司经济实力的途径，因此在商业计划书中展示财务数据是重要且十分有必要的。

1. 现金流

每家公司在经营过程中都会产生大量的现金流动，数据是很杂乱的，创业者可以将数据整理在表格中，在商业计划书中呈现出来，如表 10-3 所示。

表 10-3 现金流   单位：万元

年份	2019	2020	2021	2022	2023
经营中产生的现金流入小计	1840	1920	2006	2098.5	2198
经营中产生的现金流出小计	987	1031.6	1079.6	1131.3	1187
经营活动中产生的现金流量净额	853	888.4	926.4	967.2	1011
投资活动中产生的现金流出小计	500	510	321	333.1	146.4
投资活动中产生的现金流入小计	200	200	200	200	200
现金流量净额	31.8	35.4	239	242.6	246.2

2. 资金产出与投入

资金产出与投入一般用表格来展示，将资金产出与投入的类型放在左侧，具体金额放在右侧，这样的方式一目了然，直观性强。

此外，展示在商业计划书中的资金产出与投入一般是公司中金额较大、比较重要的那些项目。有的公司将每一笔产出与投入都展示出来，导致表格占用了较大篇幅，而且字体小、数据多，看起来很杂乱。这样是达不到好的效果的，投资人会感觉创业者主次不分。

3. 固定成本

展示固定成本的目的是让投资人了解公司的花钱情况。投资人不允许公司拿着他们投资的钱到处挥霍，他们需要知道公司要花多少钱、花在什么地方。某公司的创业者在撰写商业计划书时比较注重固定成本这一数据，将其详细地展示了出来。

在其撰写的计划书中有详细的支出预计，具体如下所示。

租金：办公场地租赁费用约 3 万元 / 年。

固定资产：80 万元。

办公家具购置：约 8 万元。

公司注册营业执照及办理一般纳税人资质的费用：约 3000 元。

购买办公电脑、传真机、复印机、打印机等：约 10 万元。

3 个月办公及市场费用：3.04 万元。

杂费及工资：5.53 万元（工资包括总经理、财务会计、业务员等所有员工的工资）。

律师顾问费用：2 万元。

交通费用：1 万元。

市场开发费用：5 万元。

投资人会对花钱有规划的公司产生好感，因为知道自己的钱不会被肆意挥霍和浪费。

最后需要注意的是，财务数据众多，整理数据、制作表格会耗费大量的时间和精力，一旦出现错误就可能会导致结果天差地别，因此创业者一定要细心，每一个小细节都不能有问题。

↑ 10.1.6　项目风险

商业计划书的第六部分是项目风险。投资有风险，创业者应该清楚地说明项目风险，为投资人做出投资决策提供可靠的依据。投资人往往会选择投资风险可控的项目。而投资人判断项目风险的依据主要是项目数据，依靠数据进行决策。因此，创业者需要说明项目风险并给出风险管理对策。

1. 说明项目风险

作为风险承担者，创业者也希望将创业风险降到最低。为了将创业风险降到最低，创业者必须更加精准地定位公司的商业模式。在没有充分了解影响项目的不确定因素时，创业者可能会对市场、团队、商业模式盲目自信，致使公司走错路。但如果意识到项目的不确定性，创业者就可以估算出最大亏损范围，将创业风险数据化。这样做不仅可以使创业者明白前路的艰辛，做出更好的规划，还能够帮助投资人更迅速地做出决策。

一个优秀的创业者会将项目确定性的部分和不确定性的部分都明确地告诉投资人，让他们知道到底要面临什么样的风险，这一点是非常重要的。

创业者一定要在项目启动前估算出最大亏损的范围，这个数字是判断创业者和投资人会不会因为项目失败而陷入危机的参考依据。几乎没有人会在明知项目会失败的情况下继续运营，投资人也不想投资一家因为亏损太多而有可能倒闭的公司。

估算最大亏损范围的过程有助于创业者想清楚如何落实自己的创业计划。如果估算出相关数字后，发现自己一旦失败，公司就会倒闭，那就代表创业者承担不起这个项目的潜在亏损。

例如，罗维奥公司在开发游戏《愤怒的小鸟》时，推算出亏损范围在30万元以内。这笔钱完全可以测试出这个游戏是成功还是失败，即便失败，公司也不会受到太大影响。后来，这个游戏获得了超高的投资报酬率，给公司带来了巨额盈利。

综上所述，创业者需要做的是估算自己一旦失败，是否还有能力东山再起。如果答案是肯定的，那么将这一点写进商业计划书，往往有利于获得融资。

2. 提出风险管理对策

"居安思危"是指处在一个安全的环境中也要时刻提防着危险的

来临，这对于创业者来说十分重要。创业者应该了解公司潜在的风险，在险象环生的情况发生之前就想好解决方案，以做好风险管理与控制工作。

风险对策是对公司内可能产生的各种风险进行识别、衡量、分析、评价，并适时采取有效的方法进行防范和控制。对于创业者和投资人来说，用最经济、合理的方法应对风险，以实现最大化的安全保障，是非常关键也是非常有必要的。

风险管理是指采取各种措施和方法，消除或降低风险发生的可能性，以及减少风险发生时造成的损失。有些事情是不能控制的，风险往往伴随着机遇，创业者需要采取各种措施降低风险发生的可能性，或者把可能造成的损失控制在一定范围内。

风险对策和风险管理是不可分割的整体，最终的目的都是避免风险发生和在风险发生时将损失降到最小。一般情况下，公司都会采取积极的措施去实现控制风险的目标。

有的专家认为，控制风险的最佳手段是根据公司的实际情况制订多个方案，为应对可能发生的风险做好充足的准备。当风险真的发生时，创业者就可以迅速选择一个最合适的方案。

如今，公司越来越重视风险管理，有的公司还会设立专门的部门去完成这项工作。在商业计划书中，风险对策和风险管理也是必须展示的部分，示例如下。

时刻关注相关部门发布的信息和政策，积极掌握事件的发展动态，提高公司在事件中的主动性，同时进一步加大宣传力度，提升公司在整个行业和社会中的影响力。

根据信息和政策的变化，及时对公司战略进行调整，完善的规避处理措施加上公司的良好口碑，相信可以有效控制风险。

如果只在商业计划书中列出可能发生的风险，而没有相应的方案去规避和控制风险，那么要想获得投资人的投资，基本上不太可能。因此，创业者需要了解项目运行中可能遇到的风险，提前制订多个方案，并将其详细介绍给投资人。

10.1.7 融资计划

商业计划书的第七部分是融资计划。融资计划的制订是融资成功的关键，同时也是吸引投资人的重要因素。这一部分能够详细地说明公司的融资需求、用途和预期回报率等，从而增强投资人的信任，提高融资成功的概率。融资计划主要包含以下五个部分：融资额度、出让股权与价格、资金使用计划、项目实施计划和投资人退出方式。

1.融资额度

在商业计划书中，创业者需要标明公司的估值以及希望出让的股权比例。对于创业者来说，公司估值越高越好，而出让的股权比例越低越好。然而，投资人的需求恰恰与此相反。实际上，公司估值和股权出让比例是可以进行商议的，创业者和投资人之间拥有充分的谈判空间。

在确定融资金额时，创业者需要考虑一些细节问题，包括融资金额的具体数值、所使用的币种（如美元或人民币等）。如果公司优先考虑接受人民币投资，其次是美元，那么可以在融资金额后注明货币单位"元"，并特别注明"或等值美元"的字样。

2. 出让股权与价格

融资金额与股权出让比例直接关系到投资人需要投入的资金以及能够获得的股权比例。在确定了融资金额之后，投资人可以根据公司估值来了解自己可以获得的股权比例。

公司出让的股权比例由融资金额和公司估值共同决定。一旦确定了出让的股权比例，投资人需要投入的资金以及他们将获得的股权比例也就能够计算出来。计算公式为：股权比例 = 投入资金 ÷ 估值。

在确定了股权比例之后，这一信息将在后续的投资条款中详细说明。例如，"公司成立后，投资人以人民币 ×× 万元的投资后估值，对公司投资 ×× 万元进行溢价增资。增资完成后，公司注册资本增加为 ×× 万元，投资人取得增资完成后公司 ××% 的股权"。

3. 资金使用计划

创业者应当明确写出资金的具体用途，并尽可能详细地进行说明。为了使资金使用计划更加具体和明确，创业者最好将资金的使用情况具体到各个项目。这样可以使投资人清楚地了解他们所投入的资金将如何被使用。

创业者需要根据业务的发展现状和预期情况来制订资金使用计划。一份合理的资金使用计划能够充分展示创业者的战略规划能力和财务管理能力。

资金使用计划应涵盖资金到位后公司未来 3 ～ 5 年的支出。计划的内容应当尽可能地详尽，过于简单的计划可能无法吸引投资人的注意。一份优质的资金使用计划应包含以下要点。

（1）资金需求说明。这一部分包括资金的总额、使用期限和具体用途等。资金的具体用途可以是项目拓展、业务优化、核心团队升级等。无论作何用途，创业者都应写清具体的财务规划。

（2）资金使用计划和进度。写明资金使用进度，可以让投资人心中有数。创业者可以根据项目目标和团队管理成本制定使用进度。例如，当融资金额花费了 1/5 时，团队至少要完成项目的 A 目标。

（3）投资形式。创业者需要在资金使用计划中列出利率、利率支付条件、普通股、优先股等内容，以便投资人详细了解。

（4）资本结构。

（5）回报 / 偿还计划。创业者需要说明如何回报投资人的资金和如何偿还债务。

（6）资本原负债结构说明。创业者需要描述各笔债务的详细信息，包括时间、利息等。

（7）投资抵押情况。创业者需要写明公司是否存在抵押情况，如果存在，需要标注抵押物的价值、抵押凭证等。

（8）投资担保情况。这包含两个部分：一部分是公司是否存在担保的情况；另一部分是公司担保人的财务报告。

（9）获得投资后的股权结构。

（10）股权成本。

（11）投资人介入公司管理程度的说明。

（12）定期向投资人提供的报告和资金支出预算报告。

以上就是资金使用计划的全部内容，在实际书写的过程中，创业者应该根据自身的实际情况进行相应的删改，制作出一份能够使投资人满意的计划。

4. 项目实施计划

投资人需要浏览大量的商业计划书，留给每份商业计划书的时间有限。因此，创业者需要清晰地阐述"产品是什么"以及"商业模式是什么"。

商业模式主要分为运营模式和变现模式。运营模式涉及如何获取流量和提升品牌影响力，同时也是变现的逻辑基础。以下是一个关于"新据点"项目的商业运营模式实例。

"新据点"商业运营模式：引入知名培训导师，利用空间进行培训和实践活动；引入新奇好玩的品牌产品，在空间内开展用户参与体验活动；确保空间的高使用率，同时收集参与者的数据；在线上为B端用户精准匹配共创人才，并在线下空间建立共创工作坊，为公司提供外部协同创新的渠道；将高级人才培养成为合伙人；组织特定的合伙人团队为公司提供顾问服务，并以此获得股权回报。

当投资人阅读完产品和商业模式的描述后，他们将对项目有个初步的判断。后续的内容将有助于他们验证自己的判断。

5. 投资人退出方式

对于投资人来说，退出是实现资金循环流动的关键环节。在商业计划书中，通常将投资人退出方式放在最后进行介绍。例如，A公司以实现投资人资本增值最大化为宗旨，对投资人的退出进行规定：投资人不需要长期持有公司的股份，可以在满足条件的情况下，按照自己的意愿适时退出，拿到自己应该获得的利益。

经过A公司董事会的认真讨论，最终决定投资人的持股时间至少为两年。两年之后，投资人就可以通过适当的方式退出。投资人退出要严格按照国家的法律法规执行，如果投资人想提前退出，要与公司协商，双方共同制订解决方案。

A 公司为投资人提供了三种退出方式：IPO、股份出售、公司并购。对于投资人来说，回报最多的方式是 IPO。为了保证投资人能够以这种方式退出，A 公司将登陆创业板定为发展目标。

具体战略规划是：2025 年实现股份制改造；2026 年达到上市标准，成功在创业板上市。A 公司时刻关注创业板的市场情况、与证券界保持密切的联系，争取实现在 2026 年上市的目标。到那时，投资人可以成功从公司中退出。

该退出机制清楚地展示了退出方式，而且明确地告知投资人以哪种方式退出回报最多，这是 A 公司商业计划书中的一大亮点。另外，公司还将上市的战略规划展示在商业计划书中，投资人可以看到退出的希望。这对投资人有很大的吸引力。

10.2 把握投资人关注的重点

　　一份优质的商业计划书不仅要内容全面，还要重点突出。只有把握投资人关注的重点，才有可能获得投资人的青睐。投资人关注的重点主要有两个：价值回报和收益分配。

10.2.1 价值回报

　　投资人进行投资首先关注的便是价值回报。价值回报主要有三个来源，如图 10-3 所示。

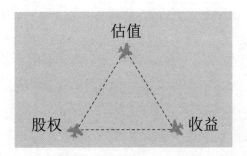

图 10-3　价值回报的三个主要来源

　　估值是投资人获得回报的主要来源。当公司估值增长时，投资人投入资金的价值也会随之增长。此时，投资人可以选择套现离场。如果公司未上市，投资人可以在公司后续融资中退出，从而完成收益锁定。

　　在撰写商业计划书时，创业者应将这一部分内容纳入其中。需要注意的是，投资人所能获得的价值回报与公司的发展状况密切相关。因此，创业者应着重描述公司的业务模式、财务表现和未来潜力，以增强投资人对公司的信心。

↑ 10.2.2　收益分配

收益分配直接决定了投资人能够获得的收益，因此备受投资人关注。收益分配是将公司的净利润按照一定的形式和顺序在公司和投资人之间进行分配。在撰写商业计划书时，创业者需要详细说明公司的收益分配制度。具体而言，公司收益分配制度应包括以下内容。

1. 可供分配收益的来源

可供分配收益的来源由以下三部分组成。

（1）本年的净利润。这是可供分配收益的重要来源，应与损益表中披露的年度净利润保持一致。

（2）年初未分配利润。截至上年末累计的未分配利润，是可供分配利润的重要组成部分。

（3）其他转入，主要指盈余公积金转入。当公司本年度没有利润、年初未分配利润又不足时，为了使股东对公司保持信心，公司应遵守法规，将盈余公积金纳入利润分配。

2. 收益分配的方向和具体方案

根据《公司法》等有关法律法规的规定，一般企业和股份有限公司当前收益应按照下列顺序分配。

（1）弥补以前年度亏损。

（2）提取法定盈余公积金。

（3）提取法定公益金。

（4）支付优先股股利。

（5）提取任意盈余公积金。

（6）支付普通股股利。

（7）转作资本（股本）的普通股股利。

以上的收益分配顺序是无法更改的。这意味着如果公司不弥补以前的年度亏损，那么将无法提取法定盈余公积金和法定公益金；在没有提取法定盈余公积金和法定公益金之前，投资人无法收到股利和利润；支付股利必须按照先优先股后普通股的顺序。

3. 年末未分配利润

如果公司在进行了上述收益分配后仍有余额，那么这部分余额就是年末未分配利润。本年度未分配利润与之前年度未分配利润的总额，即为本期末未分配利润累积数。

第 **11** 章

估值管理：进一步提高公司的价值

在投资之前，投资人会对目标公司进行估值，因为公司的价值决定了投资人未来能够获得的收益。创业者需要高度重视公司的估值，了解估值的方法，并从多个方面入手提高公司的价值。

11.1　估值的4种方法

给公司估值主要有 4 种方法：现金流量贴现法、市盈率倍数法、可比公司法和可比交易法。这些方法各有优缺点和适用范围，创业者可以根据实际需求选择合适的方法。

⇑ 11.1.1　现金流量贴现法

现金流量贴现法是评估公司价值的重要方法之一，它将公司未来的现金流量总值作为估值的依据。该方法以公司的持续盈利能力为基础，需要估算公司未来几年的预期收益。

使用现金流量贴现法对公司进行估值时，创业者需要注意三个方面，如图 11-1 所示。

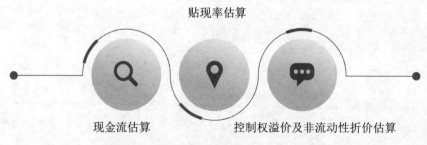

图 11-1　用现金流量贴现法估值需注意的三个方面

1. 现金流估算

创业者与投资人达成的一致看法可以反映在现金流估算中。例如，公司的利润率未来会提高，销售增长速度会降低，需要增加投入来维护现有的设备与厂房等。

假设 A 公司拥有 1000 万元现金流，因为销售前景非常不错，所以创业者预测公司的现金流在未来 5 年会以每年 10% 的速度增长。由于竞争加剧，5 年后，A 公司的现金流增长速度将会降低至 5%。

根据以上信息，我们可以估算该公司未来 10 年的现金流，如表 11-1 所示。

表 11-1　A 公司从第 1 年到第 10 年的现金流估算结果

时间	现金流	时间	现金流
第 1 年	1100 万元	第 6 年	1691.04 万元
第 2 年	1210 万元	第 7 年	1775.59 万元
第 3 年	1331 万元	第 8 年	1864.37 万元
第 4 年	1464.1 万元	第 9 年	1957.58 万元
第 5 年	1610.51 万元	第 10 年	2055.46 万元

在估算非上市公司的现金流时，创业者要特别小心，因为非上市公司的历史财务状况不像上市公司那样透明、清晰、详细。

2. 贴现率估算

怎样估算贴现率呢？晨星（美国知名评级机构）把美国股市贴现率的平均值设定为 10.5%。因为不同的公司不能使用一个固定的平均值，所以晨星又根据自身经验为贴现率设定了一个区间，即 8% ~ 14%。一般来说，风险越高、波动越大的公司，贴现率越高，越接近 14%；风险越低、波动越小的公司，贴现率越低，越接近 8%。

3. 控制权溢价及非流动性折价估算

在对公司进行现金流贴现分析时，创业者需要考虑控制权溢价和非流动性折价等关键因素。控制权溢价源于控制权，可以为公司带来价值。与上市公司相比，非上市公司的股权交易通常会涉及控制权的转移。如果非上市公司管理混乱，投资人可以利用控制权来更换管理层，从而提升财务表现。这就是所谓的控制权溢价。

此外，市场通常会给非上市公司20%～30%的非流动性折价，创业者应该将这部分成本纳入考虑范围。

现金流量贴现法涉及的要素较多，用现金流量贴现法对公司进行估值较为复杂。假设某公司的现金流初始值为X，增速为Y，贴现率为Z，可以得出其第T年的现金流贴现数额为$X \times (1 + Y)^T \div (1 + Z)^T$。一家公司在存续过程中能够产生的所有现金流代表了其内在价值。因此，将一家公司在一定时间内创造的现金流贴现，所对应的便是该公司在一段时间内的估值。

例如，某公司的初始现金流为10万元，未来两年的增长率为10%，贴现率为8%，该公司现在的估值为20万元，那么两年后该公司的估值是

$$[10 \times (1 + 10\%) \div (1 + 8\%)] + [10 \times (1 + 10\%)^2 \div (1 + 8\%)^2] = 20.55898$$ 万元。

两年后，该公司的市值有所上升，但是上升幅度较小，因此投资价值较小。

如果现金流量贴现法运用得当，它将成为一种非常强大的工具。创业者必须明白，即使是现金流增长率或贴现率的微小变动都可能会对公司的估值产生重大影响。因此，在应用现金流量贴现法时，需要格外谨慎。

↑ 11.1.2　市盈率倍数法

市盈率倍数法适用于发展速度较快的创业公司。市盈率反映了投资人的投资回本期，能帮助投资人做出是否投资的决策。市盈率倍数法的逻辑是：投资人投资的是公司的未来，是对公司未来的盈利能力给出当前的价格，其计算方法为：

公司的估值 = 预测市盈率 × 公司未来 12 个月的利润

例如，某高新技术公司 2024 年的预测市盈率为 X 倍，2024 年预测税后净利润为 Y 亿元，那么该公司的估值为 $Z=X \times Y$。其中，公司未来 12 个月的利润是通过预测得出的，因此关键在于预测市盈率的计算。

通常，风投机构确定预测市盈率时采用的方法是对历史市盈率进行折现。例如，互联网行业的平均历史市盈率是 60 倍，那么预测市盈率可能为 50 倍。对于同行业、同规模的非上市目标公司，参考的预测市盈率会进一步打折，可能为 20 ～ 30 倍。如果目标公司在行业中属于规模较小的初创公司，参考的预测市盈率会再打个折扣，可能为 10 ～ 15 倍。如果某互联网初创公司预测融资后下一年度的利润是 1000 万元，那么该公司的估值是 1 亿～ 1.5 亿元。

需要注意的是，预测市盈率具有一定的主观性和不确定性，因为它是基于对公司未来盈利能力的预测。因此，在实际操作中，需要根据公司的具体情况和市场环境进行综合分析，谨慎地确定预测市盈率。同时，市盈率倍数法也存在一定的局限性。例如，对于亏损的公司或者新兴市场中的公司，该方法可能不太适用。因此，在评估公司价值时，需要结合其他估值方法进行综合分析。

↑ 11.1.3　可比公司法

没有完美的估值方法，每种方法都有其优缺点。创业者应根据公司的实际情况选择合适的估值方法。投资人较偏爱使用可比公司法。该方法通过分析可比公司的交易数据来计算公司的隐藏价值，即使用可比上市公司乘数来确定估值。可比上市公司的数据具有时效性和真实性，因此得出的结果相对准确可信。

需要注意的是，要使用可比公司法，创业者必须了解其实施步骤，如图 11-2 所示。

挑选同行业可参照的上市公司

计算同类公司的主要财务比率

以这些比率为市场价格乘数计算出估值

图 11-2　可比公司法的实施步骤

1. 挑选同行业可参照的上市公司

可比公司法可以提供一个市场基准，使创业者能够分析公司当前的价值。之所以选择同行业中可参照的上市公司作为市场基准，主要是因为这些公司与目标公司具有相似的业务类型、发展战略和风险。通常情况下，创业者应该先分析公司的竞争对手。在具体操作上，创业者可以通过网络搜寻竞争对手的相关资料，选择 5～10 家作为参考。

2. 计算同类公司的主要财务比率

同类公司的主要财务比率主要包括盈利能力、投资收益、杠杆率、相关倍数等。

盈利能力可以通过毛利率、EBITDA（税息折旧及摊销前利润）率、EBIT（息税前利润）率以及净利润率等指标来衡量。这些指标对评估盈利能力具有不同的影响。

投资收益通常使用 ROIC（已投资本回报率）、ROE（净资产收益率）和 ROA（资产收益率）等指标进行分析。

杠杆率主要指公司的负债水平，衡量指标包括债务与 EBITDA 的比率、债务与资本总额的比率以及覆盖比率（EBITDA 与利息支出的比率）。高杠杆率意味着公司会面临更高的陷入财务困境的风险。

收集好财务数据后，创业者可以制作表格来计算同类公司的相关倍数，如市盈率（P/E）、公司价值 /EBITDA、公司价值 / 销售额等。

3. 以这些比率为市场价格乘数计算出估值

挑选出同行业可参照的上市公司并计算出主要财务比率后，创业者需要将自己的公司与同类公司进行比较，以进一步确定估值范围。首先，创业者需要在同类公司中筛选出其业务和财务特征与本公司最为相似的公司，并排除离群值；其次，分析和比较交易倍数，找到最佳的可比公司。

基于以上比较分析以及关键性业务特征、财务绩效指标的对比和交易倍数的比较，创业者可以识别出与自己的公司最接近的公司。这些公司有助于创业者确定最终的估值范围。

↑ 11.1.4　可比交易法

可比交易法是通过分析同类公司的融资并购价格，计算出同类公司的平均溢价水平，进而评估目标公司的价值的一种方法。这种方法不仅操作简便，而且非常实用。

首先，挑选同行业内被投资的相似公司。可比交易法不针对目标公司的市场价值进行分析，而是寻找类似的融资交易。通常，同行业内的同类公司被并购的案例具有参考价值。计算出类似融资交易中估值的平均溢价水平后，可以用这个溢价水平来计算目标公司的价值。

其次，计算相应的融资价格乘数。在已经获得投资和对被并购公司进行估值的基础上，获取与融资估值相关的财务数据，并计算出相应的融资价格乘数，以此为依据对目标公司进行估值。

例如，分众传媒在收购框架传媒和聚众传媒时，采用自身的市场参数作为依据对两家公司进行了估值。完成框架传媒的收购后，框架传媒的估值成为聚众传媒的估值依据。

最后，根据溢价水平计算出估值。可比交易法与可比公司法类似，是在估值过程中选择同行业中与目标公司规模相同、已获得投资、被并购的公司。基于这些公司的估值，创业者可以获取与估值相关的财务数据，计算出相应的融资价格乘数，并以此为依据对自己的公司进行估值。

例如，A公司不久前完成了一轮融资，B公司与A公司同属一个行业且业务类型相似，但B公司的经营规模是A公司的3倍。在对B公司进行估值时，需要在A公司的估值基础上扩大3倍左右。这种方法可能存在一定偏差，但最终结果仍具有很大的参考价值。

总体而言，估值是对公司未来效益水平的科学量化，会受到当前市场环境的影响。随着市场经济的不断发展和公司产权的商品化，公司估值受到更多关注，成为一个衡量公司成功与否和整体质量的全面、准确的指标。

11.2　如何提高公司价值

公司价值的提升通常会带动股价的上涨，从而更容易吸引投资人的关注。因此，创业者应从价值驱动因素入手，找到促进公司价值增长的"魔法指标"，以提升公司价值。

11.2.1　从价值驱动因素入手

价值驱动因素主要有四个，分别是增长空间、增长速度、增长效率和 ROE。根据这四个要素，创业者可以有效地提升公司价值。

1. 增长空间

"股神"巴菲特所坚信的一个重要的投资原则是"公司是否具有巨大的发展潜力"。一家公司能否持续壮大，很大程度上取决于其是否拥有足够的增长空间。那些拥有广阔增长空间的公司往往更受投资人的青睐。公司的增长空间与其所在行业的增长空间紧密相关，创业者可以从用户渗透率、人均消费水平、行业现状等方面进行评估。

例如，某体育服饰公司对我国的人均运动服饰消费水平进行研究后，发现运动服饰市场存在较大的增长空间。总的来说，创业者可以根据公司的增长空间来判断其未来的发展潜力。如果公司缺乏核心竞争力，即便拥有巨大的增长空间，最终也难以实现持续发展。

2. 增长速度

增长速度是影响公司估值的重要因素之一。公司利润的增速是可以预测和验证的。许多投资人偏爱使用 PEG 指标（市盈率相对盈利增长比率）对快速增长的公司进行估值。

3. 增长效率

有些公司虽然利润增长迅速，但由于应收账款过多，现金流并不充足。另一些公司虽然利润增长迅速，但这些增长主要依赖于大量的资金投入，股东无法自由支配利润。这两类公司的增长效率都不高。

一般来说，公司自由现金流＝税后净营业利润＋折旧摊销－资本支出－营运资本净增加。上述两家公司的资本支出和营运资本净增加占比较大，导致其增长效率较低，因此估值也较低。

4. ROE

ROE 指标是衡量公司经营状况的关键指标，能够体现公司的竞争优势。许多投资人会给予 ROE 表现优秀的公司较高的估值。

11.2.2　找到价值增长的"魔法指标"

公司所处的发展阶段不同，推动其实现价值增长的因素也有所差异。因此，我们可以从公司的发展阶段出发，分析影响价值增长的关键因素。

公司的发展阶段大致可分为早期（包括种子期和创业期）、成长期、成熟期。每个发展阶段都有其独特之处。

1. 早期

从种子期到创业期，都属于公司的早期阶段。这一时期的公司通常面临现金流不稳定、报表制度不健全、会计数据缺乏全面性和规范性等问题，因此不能采用折现方法预测收益和计算估值。

在早期发展阶段，由于不确定性因素较多，估值相对困难。这一时期的估值主要依据公司的创始人、发展规划等因素。

2. 成长期

一般来说，处于 B 轮和 C、D 轮融资阶段的公司已进入成长期。这一时期的公司通常具备稳定的现金流和一定规模的营业收入，报表制度相对健全，会计数据更加全面和规范。此时，可以采用相对常规的估值方法对该公司进行估值。

预估这一阶段的公司价值，可以采用相对估值法，如 P/E（市盈率）估值法、P/B（市净率）估值法、PEG 估值法、P/S（市销率）估值法、现金流量贴现法等。

在此阶段，影响估值的主要因素是公司的增长潜力。由于发展不确定性较大，具体的融资形式和条款较为复杂，在一般的估值倍数基础上可能存在一定的折扣。

3. 成熟期

成熟期也可以称为 PE 阶段。在这一阶段，公司具备了一定的市场规模和盈利基础。其财务结构与数据、现金流状况以及各种极限环境下的损失测算都更加精准。公司在此阶段的需求通常为寻求上市融资以及实施并购进行产业整合。

成熟期的公司可以采用的估值方法与成长期类似，但侧重点有所不同。在成长期，投资人将关注重点放在管理团队、用户体验和数据以及产品本身的竞争力上。对于处于成熟期的公司，投资人更关注公司的财务和资本运作等方面。

　　综上所述，由于行业、发展阶段和公司架构的不同，影响公司估值的因素也不尽相同。因此，没有通用的估值方法。特别是在公司发展的早期阶段，由于价值的"能见度"较低，估值难度较大。

　　这对公司的启示是：为了得出合理、精确的估值，公司需要建立自己的能力圈，深入了解行业、公司和相关宏观环境的特征及趋势。

第 **12** 章

融资谈判：把握要点，争取最大利益

创业者在进行融资谈判时，应对融资谈判的内容有所了解，并掌握吸引投资人的有效方法，精准把握谈判要点，以争取最大的利益。

12.1　融资谈判的内容

融资谈判是一个复杂的过程，创业者需要掌握一些技巧。创业者应了解融资谈判的主要内容，包括估值、融资架构、绑定投资人、独家谈判期、业务合作及资源导入。

↑ 12.1.1　估值

估值是融资谈判的核心内容。如果创业者未能对公司进行合理估值，可能会错失许多融资机会。

例如，王某是一家初创公司的创业者，公司起初发展并不顺利，主要是缺乏资金支持。为了获得资金，王某和他的团队计划进行融资。2023 年，王某开始进行融资前的准备工作。他在网上找到了一位投资人，投资人对其项目产生了浓厚兴趣。路演结束后，投资人进行了详细的尽职调查。

随后，王某和投资人进入谈判阶段。投资人对王某的项目和团队都非常满意，询问："你们公司的估值是多少？"王某一时语塞，因为他从未考虑过这个问题。于是，他随意给出了一个数字。

投资人听到王某所说的数字后认为过高，与自己的预期相差甚远，建议王某要么提高出让股份比例，要么降低融资额度。然而，王某不愿出让过多股份，并坚称公司确实需要这么多资金用于发展。双方经过多次交涉，始终未能在这个问题上达成一致意见。最终结果是投资人没有给王某投资，王某错失了一个宝贵的机会。

在谈判环节，对于估值问题，创业者不应随意给出一个数字，而要进行细致和准确的计算。一家估值合理的公司更容易吸引投资人的关注。

在为公司估值时，创业者需要考虑以下 9 个因素。

1. 用户数量

公司想要获得发展，首要目标就是吸引大量用户。能够在短时间内吸引大量用户，说明公司的前景非常广阔。投资人也会关注公司是否能够吸引用户。一般来说，公司吸引的用户越多、速度越快，获得的投资也会越多。

2. 成长潜力

公司是否有成长潜力，也是投资人非常重视的一点。在融资谈判时，创业者可以利用数据向投资人展示公司的成长潜力。这些数据也是投资人衡量公司估值的重要依据。

3. 收入

收入也是估值的一个依据。有了收入，就会产生一些数据，这些数据可以帮助创业者确定合适的融资金额。然而，对于初创公司而言，收入可能只占一小部分，通过收入计算出来的估值并不能完全代表公司的全部潜力，但可以为融资谈判提供一定的参考。

4. 创业者和员工

一个优秀的创业者更容易吸引投资人，从而使公司获得更多的资金支持。从某种程度上来说，创业者的工作经历、曾经参与的项目的知名度等因素都会影响公司融资的成败。如果创业者和员工的能力很强，那么由他们组成的公司必定有很大的发展潜力。例如，一些互联网行业的公司因为有专业的技术团队，在融资时估值增加了上千万元。

5. 行业

行业也会影响公司的估值。以餐饮行业和高科技行业为例，餐饮行业的估值通常是总资产的 3～4 倍；而高科技行业的发展潜力较大，估值一般是年营业额的 5～10 倍。在与投资人谈判之前，创业者一定要了解公司所在行业的整体形势。

6. 孵化器

有些公司是依托孵化载体建立起来的，这样的公司通常能够获得专业的指导，在资源方面也比一般公司更有优势。在孵化载体的助力下，这些公司可以通过专业的数据分析来确定发展方向，这也会提高公司在融资谈判中的估值。

7. 期权池

期权池是为了吸引高级人才加入公司而预留的股票。通常情况下，期权池越大，公司的估值就越低。期权池是一种无形的资产，其价值一般会在估值中被忽略。

8. 实物资产

有些公司的实物资产不是很多，在估值时不会将这一部分考虑进去。实际上，实物资产也属于公司的资产，会对估值产生一定的影响。

9. 知识产权

公司拥有的专利也是公司的资产，在估值时要计算进去。专利也能帮助公司提高估值。例如，某初创公司因为创始人拥有两项专利而获得了投资人的 500 万元资金支持。

在初创期，公司的估值并不是越高越好，而是越合理越好。估值越高意味着要承担更大的风险，一旦公司出现问题可能会被迫接受不公平的条款。因此，创业者要根据公司的实际情况进行合理的估值，以增加获得投资人投资的机会和提高成功融资的概率。

↑ 12.1.2　融资架构

在融资谈判中，投资人是否拿出"Term Sheet"（投资条款清单）至关重要。一旦投资人拿出投资条款清单，这便意味着他们对投资项目表示认可。在拿出投资条款清单之前，投资人通常会与创业者进行深入交流，以对公司和项目有一定的了解。双方一旦签订投资条款清单，就意味着达成了初步的合作共识，可以共同搭建融资架构，并就核心条款达成共同认知。

在搭建好融资架构之后，投资人通常会进行尽职调查。如果他们对尽职调查的结果满意，便会与创业者签订投资协议。投资条款清单意味着双方就主要条款达成一致，但后续还可能对一些细节进行调整和修改。

有时，为了降低投资风险，即便投资人满意尽职调查的结果，他们也可能会选择减少投资金额或降低占股比例。

在投资人的资金到账之前，创业者可以与其他投资者保持联系。创业者手中有足够的筹码，有助于降低融资失败的概率。

如果创业者的项目质量上乘，投资人也可能在尽职调查后决定增加投资。此时，创业者有权决定是否接受额外的投资。

总之，投资条款清单在融资过程中具有重要作用，创业者应对此给予重点关注。

↑ 12.1.3　绑定创业者

创业者作为公司的核心，对公司的稳定性和发展有着深远的影响。因此，投资人在进行投资决策时，往往会要求制订行权计划和竞业限制条款，以确保创业者对公司的长期承诺和稳定性。

例如，张某是一家网游公司的创始人，正在开展 A 轮融资。一位经验丰富的投资人表示出了投资意向，但前提是对张某持有的股权制订一份行权计划。

这份行权计划的具体内容包括：限制张某及其核心团队在一定期限内转让所持股权。如果他们在行权计划期限未满之前离开公司，将无法获得全部股权，未行权部分将自动失效。此外，股权激励也需要设定行权期，分几年逐步向团队发放，以确保团队的长期服务。同时，投资人还提出了离职后的竞业限制条款。

对于这一行权计划，张某表示困惑不解。他认为自己及管理层的权益应一次性获得。然而，事实上投资人的要求有合理之处。投资人之所以为公司投资，看中的是创业团队的整体实力和公司的发展潜力。

在这种情况下，投资人会绑定创业团队，要求团队在未来的几年内为公司发展作出相应贡献。更何况，行权计划并不会影响创业者作为公司控制人所拥有的一切相关权利。

通过深入沟通与协商，张某与投资人达成了共识：行权计划仍然存在，但周期可以缩短。这种做法既体现了张某及其团队对公司经营的信心和对投资人的尊重，也表明了投资人的诚意和信任。

总体而言，投资人可以通过行权计划和竞业限制来确保创业者对公司的长期承诺和稳定性。在与投资人进行谈判时，创业者应积极为自己争取最大利益，以避免可能的损失；同时，也要理解这些条款的目的是保护双方的利益，共同推动公司的发展。

↑ 12.1.4　独家谈判期

在融资过程中，创业者不仅仅会接触一个投资人，而是会与多个投资人进行接触并进行实质性的谈判。为了防止创业者在多个投资人之间进行谈判并抬高价格，投资人通常会与创业者约定独家谈判期。

独家谈判期指的是在一定时间内，创业者只能与一个投资人进行谈判。对于创业者来说，不约定独家谈判期，保持交易的灵活性，可能对自己更有利。然而，如果投资人提出一个非常有吸引力的价格，则创业者可以考虑与其约定独家谈判期。

如果创业者与某位投资人约定了独家谈判期，就必须注意一些要点，以避免遭受不必要的损失。这些要点如下。

（1）独家谈判期不宜过长。

（2）在独家谈判期内，应争取与第三方继续进行讨论。通常来说，为了保护自己的利益，投资人可能会对此条件予以禁止。但创业者应该据理力争，确保自己不会受到伤害。

（3）如果第三方给出更合适的价格，创业者有权停止与当前投资人的谈判。如果投资人询问第三方的价格，创业者不必向其披露。

（4）在独家谈判期内，如果投资人支付了费用，但最终未能达成交易（如果符合条件），创业者不需要返还这些费用。

在独家谈判期的初期，创业者和投资人都应该明确自己的责任和权利，以防止后期出现不必要的矛盾和纠纷。

↑ 12.1.5　业务合作及资源导入

创业者在与投资人合作时，不仅局限于资金方面的合作，还涉及人脉、业务和用户资源等方面的联动。例如，腾讯、百度、阿里巴巴等互联网巨头公司不仅拥有丰厚的资金，还拥有领先的技术、丰富的用户资源等。如果它们愿意与创业者合作，就能够为创业者带来高质量用户和巨大的流量。

除了资金，创业者还可以与投资人就其他资源进行谈判。有些条款可能不会出现在投资协议中，但它们对于开展其他业务合作而言至关重要。

12.2　吸引投资人的有效方法

在创业者与投资人互动的过程中，双方都在不断地接触和评估对方。了解如何吸引投资人并抓住他们的兴趣点，是谈判成功的关键。创业者需要学会清晰地表达自己的观点，并深入了解投资人最关注的事项。在谈判中，"利益"通常是双方关注的焦点。

↑ 12.2.1　学会表达自己的观点

语言是人类沟通的主要方式，它能够传达一个人的思想、观念和意图。在与投资人交流时，无论创业者的个人能力有多强、产品有多出色，如果无法准确表达自己的想法，那么之前的努力就可能会付诸东流。因此，创业者必须学会如何明确、有说服力地表达自己的观点，以便与投资人建立良好的沟通关系，并增加成功的机会。

创业者和投资人之间的选择具有相互性。当投资人根据自身标准考察创业者时，创业者同样也在评估投资人与自身的匹配度。为了赢得有能力的投资人的认可和支持，创业者需要勇敢并巧妙地展示自己的优势和实力，用实际行动证明自己的价值。

创业者的实力来源于过去的经验和积累，这些经验可以在与投资人的交流中发挥重要作用。然而，由于双方接触的时间有限，创业者很难在短时间内充分展示自己的全部能力。

实际上，投资人在评估创业者时，更注重的是他们在自我推销过程中所展现的形象、思想深度、风格特点以及做事的态度。这些因素综合起来，就构成了投资人对创业者评价的重要依据。

在推销自己时，创业者应注意以下两点。

（1）全面客观地分享自己的经历和未来的规划，并坦诚地表达对投资人的期望。在讲述过去的经历时，不必忌讳失败的经历，反而可以坦然地分享从失败中获得的经验和发生的蜕变。这能让投资人更深入地了解创业者的成长历程，从而产生共鸣和好感。

（2）在自我推销的过程中，创业者应始终保持积极向上的态度和情绪。如果创业者对自己缺乏信心，投资人自然也不会轻易信任他们。

此外，情绪和情感在交流中具有传递性。投资人在与创业者的互动中会不自觉地感知到他们的情绪状态和态度。因此，创业者需要管理好自己的情绪，避免将负面情绪传递给投资人。同时，创业者展现出积极乐观的态度和充满激情的做事风格，也能在一定程度上影响投资人的判断和决策。

对于投资人来说，选择一个实力雄厚、经验丰富且充满激情和具有积极态度的创业者，是一个明智的投资决策。这样的创业者不仅具备潜在的商业价值，还能在困难和挑战面前展现出顽强的毅力和乐观的心态。因此，在推销自己的过程中，创业者需要充分展现自己的实力和优势，同时保持良好的态度和情绪状态，以增加投资人的信任和好感度。

↑ 12.2.2　以商业计划书打开合作大门

商业计划书是创业者向投资人介绍自己公司和项目的有效工具，它提供了全面的项目信息，能让投资人了解项目的背景、目标以及自己的发展思路。通过阅读商业计划书，投资人可以判断自己是否想要加入该项目。一份优秀的商业计划书能够增强投资人对创业者的信任，并打开合作的大门。

撰写商业计划书的过程对于创业者来说，是一次对公司进行全面审视的机会。在梳理公司的优势和劣势时，创业者也需要站在宏观角度思考公司未来的改进方向。对于存在的问题，创业者应该在商业计划书中坦诚地呈现，这样才能赢得投资人的信任。

商业计划书的核心在于计划，因此探究计划的可实施性和发展潜力至关重要。如果创业者对产品、市场状况和公司发展没有清晰的规划，那么其很难创作出一份有吸引力的商业计划书。为了创作出优质的商业计划书并吸引投资人的关注，创业者需要不断提升自身能力，加强对市场、公司和产品的了解。

在撰写商业计划书时，创业者应注意以下三个方面。

（1）不要过分关注自身的利益。无论多优秀的思路和项目策划方案，如果没有明确说明能给投资人带来多少利益，是很难引起投资人关注的。为了获得投资人的关注，创业者需要清晰地阐述项目能为投资人带来的利益。模糊的利益表述会降低投资人合作的意愿。

（2）商业计划书的内容需要翔实、数据准确。在撰写商业计划书时，创业者应该认真分析数据，确保数据的准确性。如果创业者提供不准确的数据，投资人会觉得受到了欺骗，从而对创业者产生不良印象。

（3）商业计划书的内容需要编排合理、逻辑性强、时间性强，并且能够明确展示出可观的回报率。

一份优秀的商业计划书能够凸显创业者的商业素养和综合能力，这也是吸引投资者的重要因素。通过展现自己的商业素养和综合能力，创业者能够更容易地得到投资人的关注，打开合作的大门。

↑ 12.2.3　"利益"二字是谈判的关键

合作的根本目的是将公司做大做强并获得更多利益。因此，创业者可以利用营利方案来展现合作诚意。创业者可以站在合作伙伴的角度，设计一份能够使合作伙伴获得更多利益的方案，以表达对对方的认可，并利用利益吸引对方与自己合作。

创业者与投资人合作是为了集合双方的优势，获得更大的利益，共同承担责任和抵抗风险。然而，在创业初期，投资人可能无法快速获得利益，但需要承担的风险却很大。因此，创业者需要为投资人详细讲解项目情况，确保他们能够明确自己的未来收益，从而对合作产生信心。

在与投资人进行合作谈判时，创业者应该向投资人明确合作事项，使投资人充分了解合作项目的细节。这也是尊重投资人的具体表现。

此外，许多创业者只知道自己想从投资人那里得到什么，却不清楚自己能给予对方什么。如果不解决投资人的诉求问题，合作自然无法达成。

创业之路充满了挑战和风险。不同的人对风险的承受能力不同，因此在合伙创业中很容易出现变数。例如，当公司面临危机时，利益相关的投资人可能会为了保护自身利益而想要退出；当公司发展趋势良好时，贡献最大的投资人可能会提出想要更多的回报等。这些都是投资人的正常需求。

选定投资人后，创业者需要综合考虑投资人的个人因素，站在对方的角度思考其对风险的承担能力，为其制定公正的利益分配机制。创业者需要贯彻互惠互利的双赢原则，维护投资者的权益，这样才能够使投资人安心，愿意投资入伙。

为了吸引投资人，创业者需要投其所好。如果投资人关注自我成长与发展，创业者就需要重点讲述创业中的波折、机遇与成长；如果投资人关注自身的收益，创业者就要制定科学合理的利益分配制度，并向投资人明确其能获得的利益。

当投资人感受到创业者的热情、看到项目的发展前景并且自身的利益得到保护时，他们自然会愿意加入并支持这个项目。

12.3 如何回应投资人要求的特殊权利

投资人在投资过程中可能会提出许多要求以保证自身利益最大化。创业者可以提前了解投资人可能提出的要求，想好如何回应，以维护自身的正当权益。

↑ 12.3.1 增加董事会人员

在融资谈判中，投资人可能会提出一些要求，如指定董事入驻董事会、增加董事会人员。这是因为虽然股东会关系到公司的运营和决策，但是股东会会议并不经常召开，股东难以参与公司的日常经营并管理公司的财务和人事。

董事会是公司日常事务的执行机构，负责召开董事会议并处理公司日常事务。因此，股东可以通过增加董事会人员来间接掌控董事会的日常事务。在这种情况下，董事会中的董事代表的是支持他的股东的利益，而非公司利益。

根据《公司法》第五十九条第一款第一项的规定，股东会具有选举和更换董事、监事，决定有关董事、监事的报酬事项的职权。一般而言，为了自己的利益，投资人会在投资之前要求进入董事会，获得公司重要经营决策的投票权。

《公司法》第六十八条第一款规定："有限责任公司董事会成员为三人以上，其成员中可以有公司职工代表。职工人数三百人以上的有限责任公司，除依法设监事会并有公司职工代表的外，其董事会成员中应当有公司职工代表。董事会中的职工代表由公司职工通过职工代表大会、职工大会或者其他形式民主选举产生。"该条款规定也适用于股份有限公司。通常情况下，董事会席位设置成单数。如果董事会席位为双数，那么很容易陷入投票僵局。

例如，董事会总共有 6 个席位，在对 A 和 B 两套方案进行投票时，可能会出现 3 名董事选择 A 方案、3 名董事选择 B 方案的情况，导致会议难以推进。

董事会的决议规则是一人一票，过半数董事同意，决议即可通过。因此，只要控制董事会一半以上的席位，就可以控制董事会。

为了保障自己的利益，创业者需要在公司章程中约定：创业者拥有董事会成员一半以上的提名权。这样一来，创业者在公司中的日常决策将获得董事会一半以上成员的支持，从而能够达到自己的目的。

↑ 12.3.2 获得股权的优先购买权

投资者可能会要求在股权转让时拥有优先购买权。优先购买权，也称为优先受让权，是指在同等条件下，拥有优先购买权的股东可以优先购买其他股东转让的股票。在谈判过程中，关于优先购买权的情况，一般有以下两种。

第一种情况是：创业者为了防止股权被稀释，会规定投资人按持股比例参与优先认购。常见的表述为："如果公司进行增资（除向员工发行的期权和股份外），投资人有权按其当时的持股比例购买该等股份。"

第二种情况是：当公司进行后续融资时，投资人可以享有优先购买全部或部分股份的权利。只有投资人选择放弃购买，创业者才能向第三方融资。常见的表述为："在公司上市之前，股份持有者尚未向其他股份或优先股的现有股东发出邀约，则不得处分或向第三方转让其股份。根据优先购股／承股权，其他股东有优先购买待售股份的权利。"

我们通过以上两种情况可以看出，在股权转让过程中，优先购买权的设定对于保护投资者的利益非常重要。在谈判过程中，创业者需要充分考虑投资者的利益诉求，并合理设置优先购买权的条款，以促进双方的合作关系和公司的长期发展。

⇧ 12.3.3　获得公司破产的优先清算权

在许多新公司诞生的同时，也有许多公司面临危机而破产。根据相关法律规定，公司申请破产后，将会进行资产清算。

对于投资人来说，优先清算权是极其重要的。这里的优先清算权是指在标的公司清算时，投资人拥有优先于其他普通股东获得分配的权利。

优先清算权由两部分组成：优先权和参与分配权。优先权指的是股东有权以每股 ×× 倍的价格优先于其他股东购买股票，从而获得回报。参与分配权，也称为双重分配权，是指股东在获得优先权的回报后，还能按照优先股转换成普通股之后的比例，与其他股东一起分配剩余清算资金。

参与分配权分为三种：无参与权、完全参与分配权、附上限参与分配权。假设某投资人向某公司投资了 3000 万元，占股 30%。该公司的可分配净资产为 8000 万元。公司规定优先清算权按投资金额的 1.5 倍优先进行分配，且超过优先清算的部分，投资人和普通股股东按股权比例分配。那么，投资人可获得的利益如下。

优先权下的投资回报：3000×1.5=4500 万元。

参与分配权下的投资回报：（8000 － 3000）×30%=1500 万元。

投资人总回报：4500 ＋ 1500 =6000 万元。

对于创业者来说，清算通常是一件坏事，因为它意味着公司可能会破产或倒闭。但对于投资人来说，清算只是一个资产变现的事件。它也是股东在公司合并、被收购或控制权变更等情况下，通过转让公司权益获得资金的方式。

对于创业者来说，创业过程中充满了风险。在融资过程中，投资人可能会要求享有优先清算权，以降低自己的风险。为了避免麻烦，创业者应该在投资协议中明确这项权利。

第 **13** 章

签署文件：警惕特别条款

　　对于创业者来说，融资是解决公司发展中遇到的许多问题的一种有效方式。通过融资，创业者与投资人可以实现资源互换、强强联合。然而，在与投资人签署文件时，创业者需要保持警惕。融资合同中存在一些特别条款，创业者必须密切关注，否则，便有可能掉入投资人精心设计的陷阱中。

13.1　投资人必须知道的特别条款

融资合同中常见的特别条款主要有六种，分别是对赌条款、肯定性条款与否定性条款、分段投资条款、反摊薄条款、共同出售权条款和强卖权条款。

⇧ 13.1.1　对赌条款

对于投资人来说，对赌条款是一种降低投资风险、保护自身利益的有效手段。但对于创业者而言，投资人制定的对赌条款往往非常严苛，几乎无法达成。一旦无法满足对赌条款中的要求，创业者将面临严重的后果。

一些创业者因公司资金紧张而急于寻找投资人，投资人往往会抓住创业者的这种心理要求其签订对赌条款。这些对赌条款可能非常严格，创业者几乎没有实现目标的可能性。

例如，以下对赌条款的要求几乎不可能实现："第一年营业收入不低于 1000 万元且净利润不亏损，第二年税后净利润不低于 5000 万元，第三年税后净利润不低于 1 亿元。若未达成相应条款，投资方有权要求创业团队赎回股权。"

在公司财务压力下，创业者往往愿意接受对赌，以获得投资来解决燃眉之急。然而，对于初创公司而言，过于苛刻的对赌条款显然是无法实现的。一些创业者未能充分认识到其中的风险，盲目地与投资人签订了对赌协议。

对赌条款存在以下四大风险。

（1）业绩目标不合理。如果创业者设定的业绩目标过高或不切实际，可能会导致公司走上错误的发展道路，实施不成熟的发展策略。最终这可能导致公司衰败，使创业者在对赌中失败。

（2）公司内外部不可控风险。过度关注获得大额融资可能会导致创业者忽视公司内外部存在的不可控风险，从而制定出难以实现的对赌目标。

（3）忽视了控制权的独立性。许多创业者在初次创业时可能会忽视控制权的独立性。一些投资人可能会向被投资公司安排高管，对公司的日常经营和管理进行干涉。这可能会影响公司的发展方向和创业者的决策自主权。因此，在签署对赌条款时，创业者需要考虑如何保持公司控制权的独立性。

（4）对赌失败会失去公司控股权。如果创业者签订了对公司业绩要求极为严苛的对赌条款，而最终业绩未能达标，则其将面临对赌失败的风险，甚至可能会失去对公司的控股权。

⇧ **13.1.2   肯定性条款与否定性条款**

肯定性条款与否定性条款都是投资合同中需要提前约定的特别条款，它们能够降低投资人所面临的风险。

1. 肯定性条款

肯定性条款是投资合同中明确规定的被投资公司在投资期限内需要履行的义务，以保障投资人的利益。肯定性条款通常包括以下内容。

（1）被投资公司需提供合适的渠道，以便投资人可以及时了解公司经营和管理情况。

（2）被投资公司应定期向投资人提交财务报告。

（3）被投资公司需进行年度预算，且该年度预算获得董事会同意后方可施行。

（4）管理层要保证被投资公司继续存在，并使其所有财产维持良好的状态。

（5）被投资公司须购买足够的保险。

（6）被投资公司须支付其应付债务与应缴税款。

（7）被投资公司要遵守法律，并履行相关协议所约定的义务。

（8）被投资公司应当告知投资人诉讼、协议的未履行情况，以及其他会对经营造成不利影响的事项。

（9）被投资公司要采取适当的措施保护自己的专利权、商业秘密以及版权。

（10）被投资公司需要按照约定用途使用融资资金。

2. 否定性条款

否定性条款则规定被投资公司在投资期限内不得进行哪些行为，以保护投资人的利益和避免潜在的风险。否定性条款通常涉及以下内容。

（1）禁止变更控制权。

（2）禁止管理层向第三方转让股份。

（3）禁止改变主营业务。

⤒ 13.1.3　分段投资条款

分段投资条款指的是投资人会对投资进度进行控制，即只提供能够维持公司下一阶段运营的资金。只有当公司完成预期的经营目标或者获得丰厚的盈利以后，投资人才会继续投资。这种方式能够确保创业者合理利用融资资金，避免浪费。

在公司经营过程中，投资人会对公司的经营状况与潜力进行反复评估，并拥有放弃追加投资的权利与优先购买公司发行股票的权利，从而有效控制风险。

⤒ 13.1.4　反摊薄条款

反摊薄条款，也称为反稀释条款，是一种价格保护机制，用于保护投资人的利益。它通常适用于公司降价融资的情况，旨在保护之前投资人的利益。许多投资人都将反摊薄条款作为投资条件之一。

例如，某公司的创始人 100% 持股该公司，拥有 100 万股股票，价值为 100 万元。投资人 A 从该创始股东处购买该公司 50 万股股票，价值为 50 万元。此时，投资人 A 占有该公司 50% 的股权。该公司准备向另一投资人 B 增发 50 万股价值为 50 万元的股票，那么投资人 A 的持股比例将从 50% 降至 33.33%，这种情况的发生即为比例摊薄。

如果签订了反摊薄条款，投资人 A 的持股比例不会因为后续融资而降低，或者即使降低了，也可以得到一定的补偿，从而保证其权利不受损害。

↑ 13.1.5 共同出售权条款

共同出售权条款，也称为随售权。这一条款通常是为了帮助投资人在公司投资价值降低或丧失的情况下实现退出，是一种提前约定股权售卖条件的保护性条款。

如果标的公司控股股东拟将其全部或部分股权直接或间接地出让给任何第三方，则投资人有权但无义务在同等条件下优先于控股股东或者按其与控股股东之间的持股比例，将其持有的相应数量的股权出售给拟购买待售股权的第三方。

共同出售权条款是对原股东转让股份的一种限制，旨在有效避免新股东的随意进入。通过这一条款，原股东与投资人共同承担风险，确保双方的利益得到平等保护。

通过共同出售权条款，创业者和投资人之间建立起一种互利共赢的关系。创业者获得所需的资金支持，而投资人则能够确保其在公司的权益得到维护。这种条款的应用有助于提高公司治理的透明度和稳定性，降低投资风险，并促进长期合作关系的建立。

↑ 13.1.6　强卖权条款

强卖权，也称为领售权或拖带权，是指当投资人决定转让公司股权时，他们有权强制其他公司股东以相同的条件一同转让股权。这一条款可能会导致创业者失去对公司的控制权，因此了解如何应对强卖权条款至关重要。

首先，创业者可以拒绝所有股东都能单独发起强卖权的条款。创业者可以规定，半数以上投资人和创始股东同意才能发起强卖权，而不是所有股东都能单独行使这一权利。这可以防止内部意见分歧导致麻烦。同时，创业者还可以考虑提高触发强卖权条款的股权比例。设置较高的股权比例作为触发条件，如全部或 2/3 以上私募股权要求行使强卖权时，该条款才能被触发。这样可以降低条款被滥用的风险。

其次，创业者可以限制强卖权的启动时间。虽然投资人有强卖权，但可以在投资 1 年、2 年内禁止行使，如约定交割 5 年以上才能启动强卖权。延长强卖权的行使时间可以防止投资人过早地滥用该权力，确保公司有更大的发展空间。

再次，创业者可以与投资人约定行使强卖权时购买公司的第三方主体需满足一定条件。例如，第三方主体不能是竞争对手、投资人投资的其他公司、与投资人有任何关联的公司以及个人等。这一措施可以防止投资人在利益驱使下贱卖公司，确保公司价值得到合理保护。

最后，创业者可以利用公司股东享有的优先购买权来限制受让方。当投资人行使强卖权出售公司的股权时，创业者或其他创始股东可以以同样的价格和条件购买投资人欲出售的股权，从而避免公司被其他第三方收购。这一措施可以维护创业者和股东的利益，确保公司的控制权不会落入外人手中。

综上所述，对于强卖权条款，创业者需要特别警惕，并采取相应措施确保自己的利益得到保护。通过限制强卖权的行使条件、启动时间和受让方，以及利用优先购买权等措施，创业者可以降低失去公司控制权的风险。在与投资人谈判时，充分了解和掌握这些策略，将有助于创业者维护自己的权益，并达成更公平的合作协议。

13.2　提防融资合同中的陷阱

许多创业者是初次创业，在签订合同方面缺乏经验，相比之下，投资人通常拥有丰富的投资和签约经验，可能会在融资合同中设置一些不利于创业者的条款。因此，创业者必须保持警惕，避免掉入融资合同中的陷阱。

13.2.1　避免签订对赌条款

在资本市场中，"对赌"这一概念的使用频率很高，但对于创业者而言，对赌是非常危险的。

对赌条款就像泡沫一样，给公司设定了难以实现的目标。无论公司的经营状况如何困难，创业者都应该坚决避免签订对赌条款。那么，创业者应该如何应对呢？创业者可以从三个方面入手来考察投资人，如图 13-1 所示。

1. 关注投资人的背景

在与投资人接触的过程中，创业者应深入了解投资人的背景。许多创业者认为只要投资人能提供足够的资金支持项目，其他因素并不重要。

然而，如果创业者没有对投资人的背景进行充分的调查，可能会导致后续合作过程中出现问题。例如，资金无法及时到位、投资人过度干涉项目发展等。因此，对投资人的背景进行全面调查是十分必要的。

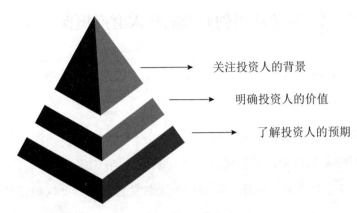

图 13-1   创业者考察投资人的三个方面

2. 明确投资人的价值

在选择投资人时，创业者需要明确项目需要什么样的价值和投资人能否提供这种价值。

初次创业的创业者不仅需要目标一致、能够并肩作战的伙伴，还需要经验丰富、善于分析的行业专家。因此，他们更倾向于选择拥有丰富资源、能在困难时期向自己提供帮助的投资人。

3. 了解投资人的预期

很多创业者缺乏关键的创业资源——资金，因此当他们遇到合适的投资人时，往往会急于获得投资。

然而，如果创业者没有了解投资人的预期，可能会导致一些拥有高预期的投资人加入项目。在项目运营过程中，双方可能会发生利益冲突，阻碍项目的发展，甚至使创业者遭受损失。

因此，创业者应该明白，那些将利益作为衡量项目好坏的唯一标准的投资人可能会急功近利，从而使项目陷入危机，甚至为了个人利益而损害公司利益。

↑ 13.2.2　避免动用创业者的私人财产担保

有些投资者可能会要求创业者使用私人财产进行抵押，面对这种情况，创业者应当坚决拒绝。

例如，创业者张某因为融资合同问题而感到苦恼。张某获得了8000万美元的投资，但投资人要求在融资合同中加入财产担保条款，即创业者及其直系家庭成员需要以个人名义和财产为此次融资提供担保。由于不确定这样的条款是否合理，张某一直未签署融资合同，导致投资人的资金无法到账。

实际上，对于像张某这样的早期创业者来说，财产担保条款是一个巨大的风险。在初创阶段，公司面临的风险极高，一旦经营不善，投资人的资金可能面临损失。若有财产担保条款，投资人可要求创业者赔偿，这无疑给创业者带来了巨大的负担。

更为严重的是，公司倒闭后，创业者的所有努力都将付诸东流，若再背负投资人的债务，他们将面临巨大的经济压力。因此，对于财产担保条款，创业者应尽量避免，这是明智之举。

当然，并非所有投资人都会要求创业者签订财产担保条款，但创业者仍需保持警惕，避免陷入困境。

总之，成功获得融资后，创业者应聘请一位经验丰富、专业的律师，协助自己审查融资合同中的不合理条款。年轻创业者尤其要重视这一点，切勿因小失大。

↑ 13.2.3　药企实例：警惕大额融资陷阱

融资过程中充满了陷阱，以下是一家药企的实例，希望创业者能够从中得到启示，保持警惕。

林某与他人合伙收购了一家医药化工有限公司。由于需要安置员工和购买器材设备，林某急需一大笔资金。两个月后，经朋友刘某引荐，林某在深圳与自称是 A 投行代理人的余某和龙某见面。他们表示愿意为林某投资，但要求他出资 5 万元，并在深圳公证处对投资事宜进行公证。由于林某对相关业务不熟悉，他出于对刘某的信任，给了刘某 5 万元，并办理了公证事宜。

公证手续办妥后，双方签订了融资合同。合同中约定甲方为林某的公司，乙方为 A 投行，甲方以精细化工项目、土地使用权等作为抵押，向乙方融资 1000 万港元。此外，合同中还有一个补充协议，即乙方在银行办理好手续后，甲方需立即支付 60 万元利息作为酬劳。

在合同签订后不久，林某收到了融资款项与一张外汇汇票，但并未实际收到资金。对此，刘某解释称这是正常操作，并告诉林某需要委托一家能接受外汇的公司代收。于是林某找到一家代收公司，与刘某一起到银行办理业务。然而，银行告知林某，虽然银行账户上确实有一笔业务记录，但 7 天后才能操作。

随后，刘某以资金已经入账为由，反复劝说林某先行支付利息。最终，林某被说服，选择借高息贷款 60 万元来支付利息。然而，半个月后，林某从银行收到一张对方账户已经关闭的告知单。

对此，银行某主管解释，汇票托收确实有一个流程，但仅凭对方提供的汇票单并不能证明资金已经到账。汇票有 7 天的冻结期，其间对方可以退票及追索，将钱撤回。林某误以为钱已经到账，实际上掉入了刘某等人利用汇票时间差设下的陷阱。

事后，刘某消失得无影无踪，卷走了 60 万元利息和相关费用，共计 70 万元。林某最后不得不卖掉自己的房子和车子来偿还高息贷款。

创业者应该注意，正规的投资公司通常会自己承担费用，不会以合作为由乱收费。像林某这样先行支付手续费、在未收到资金时被反复游说支付高额利息的情况极有可能是融资陷阱。因此，创业者一定要谨慎辨别、保持警惕。